ASEAN6における販売チャネル戦略

再現性高い「型」の習得こそが
シェア拡大の鍵

森辺一樹
Kazuki Moribe

同文舘出版

まえがき

どれだけ素晴らしい商品も、顧客に届かなければ存在していないことと同じです。

長年、ASEAN市場において、日本企業のマーケティング支援を行ってきた経験から言えることは、シェアの低い企業の販売チャネルは、シェアの高い企業の販売チャネルと比較して著しく脆弱だということです。ASEAN市場における高いシェアの実現には、一方的な商品の優位性よりも、相対的な販売チャネルの優位性の方が圧倒的に重要です。

この現実を直視できていない日本企業の多さもさることながら、仮に問題自体は認識できたとしても、実際に自分達の販売チャネルが競合他社と比べて具体的にどう脆弱なのかということを把握できている企業はほとんどいません。具体的に把握できていないので、当然ながら何をどう改善をしたら良いのかもわかりません。結果、あらゆることが惰性で進むようになり、本来得たい成果からはどんどん遠のいてしまいます。

しかし、これは逆に言えば、日本企業の多くは、販売チャネルを改善すれば、まだまだシェアを上げられるということです。問題は、販売チャネルの何が悪いのかを可視化し、どこをどう改善すれば良いのかを理解すること、そして、それらを自社の販売チャネルの「型」として習得することです。

本書は、日本の消費財メーカーがASEAN主要6ヵ国（ASEAN6）において強固な販売チャネルを構築し、市場におけるさらなるシェアを上げるための方法を、事例を交え具体的に解説しています。

消費財メーカーの海外事業担当者や駐在員の皆様、また海外展開を検討されている企業の経営者の皆様にとって、今、まさに直面する課題を解決する内容となっています。

またB2B製造業の方にとっても、自分達のインダストリーに置き換えて読み進めていただければ十分にお役に立つ内容かと思います。

本書が、微力ながら皆様の海外展開における足掛かりとなれば光栄です。

2023年7月吉日

森辺 一樹

目　次

第II部 販売チャネル戦略（1） VIP編

第9章　タイ　　201

第 I 部

戦略的な販売チャネルの
構築に向けて

第1章

型の有無がシェアを決める

1 販売チャネルの「型」を手に入れる

▶属人的ではなく、戦略的な「型」づくり

　ASEAN市場において圧倒的なシェアを誇る先進的なグローバル企業と日本企業の販売チャネルの決定的な違いは何だと問われたら、私は間違いなく「販売チャネルの型を持っているか否かです」と答えます。シェアの高い企業は、1社の例外もなく、独自の販売チャネルの「型」を持ち、その型を水平展開させることでいずれのASEAN諸国でも効率的に高いシェアを得ています。

　例えば、瑞Nestleや米P&G、英蘭Unileverなど、皆、それぞれの販売チャネルの型を持っています。また、近年では、これら欧米の先進的なグローバル企業だけでなく、中国やASEANなどアジアの企業までもがこの販売チャネルの型を重要視しています。

　一方で日本企業は、販売チャネルの型をしっかりと意識したチャネル作りができていません。多くは型の重要性すら認識していないのです。今まで数多くの日本企業の販売チャネルを見てきましたが、ASEAN市場で先進的なグローバル企業と互角に戦える販売チャネルを持っている企業は数える程しかありません。

　この販売チャネルの「型」とは下記の3つで構成されています。

　1）流通構造
　2）組織体制
　3）活動内容

　この3つが、いずれのASEAN諸国の市場においても自社の販売チャネルの型として効率良く機能しているのです。

　まず１）の流通構造とは、中間流通から小売、そして消費者までのチャネル・ストラクチャーを表していて、例えば、近代小売（Modern Trade：MT）に関しては直販をし、伝統小売（Traditional Trade：TT）に関しては、エリア毎に複数のディストリビューターを活用し、活用するディストリビューターの規模や数、必要な機能や能力をどのレベルに設定するのかということが型として存在します。

　日本企業の場合、この型がはっきりしていません。国によってバラバラで、本来共通としてあるはずのノウハウが相互に生かされていないのです。良くないケースだと、たいした理由もないまま各国で事実上の１カ国１ディストリビューター制を敷き、売ることの多くがディストリビューターにお任せ状態となっています。型どころか社内にセールスやマーケティングに関するノウハウが体系的に蓄積されていない企業も珍しくはありません。また、選定するディストリビューターの基準もあいまいで、とにかく大きなところ、力があるところといった具合で、本当に自分達に適したディストリビューターとはどういったものなのかが不明確なケースも少なくありません。

　次に２）の組織体制にも同様な型が存在します。ジェネラル・マネージャーから最前線のセールスパーソン、そしてそのアシスタントに至るまで、直販とディストリビューター経由それぞれにおける組織の体制が型として明確に決まっています。また、その組織体制の中で働く人材の要件も同様に型として決まっているのです。

　日本企業の場合、現地の組織体制に関しても元々は日本の組織体制を踏襲したものであり、そこで働く人材に関してもとにかく優秀な人材を採用しようと、その"優秀"の定義もあいまいなまま採用活動をします。また、日本語ができる人材が事実上の"優秀"になっていたり、本当に優秀な人材が埋もれて辞めていくケースも珍しくありません。そもそも重要なのは優秀な人材の採用ではなく、取り組んでもらう仕事に合致した人材の採用なのです。

　そして最後の３）の活動内容に関しては、先進的な企業は、直販、ディストリビューター経由ともに、誰が、いつ、何を、どう取り組むのかということが型として明確に決まっています。マネージャークラスなど、上へ行けば

行くほど個々の能力で結果が変わってくる仕事が増えますが、現場に近くなればなるほど誰が行っても同じ結果が出る仕組みが型として確立されています。したがって、人が辞めても全く揺るがないのです。人は辞めるものと認識しているので、人が辞めたら、型として決まっている人材をまた採用し、型として決まっている職務を行うという非常にシンプルな仕組みなのです。

　こんな風に言うとまるで先進企業は冷徹な機械のような組織だと感じますが、反面、その型の中で働く人材に対するモチベーションの向上への投資やキャリアプランの仕組みもまた型として非常に上手にできているので、全く冷徹なところではなかったりするのです。言うなればこの型は、働く側からしてもわかりやすい非常に合理的な型なのです。

　このように販売チャネルの型は、各社が長年の試行錯誤の中で生み出した独自の型とも言え、あらゆるものがまだまだ成長過程にあるASEANのような新興国市場では特に重要なのです。どのような流通構造で、どのような組織体制を敷き、どのような人材に、どのような役割を課し、どう動かすかが型として確立されているからこそ商品が継続して売れていくのです。今までの手法をただ踏襲し、惰性で作り上げられた販売チャネルでは到底太刀打ちできないのです。

▶ 再現性の高い販売チャネルを構築する

　この販売チャネルの型は、結論から言うと、再現性がなければ意味がありません。そしてこの再現性は、販売チャネルの型がどう作られたかによって大きく左右されます。

　ここで少し日本企業の事例を紹介します。日本企業のASEAN展開でよく聞く話として、インドネシアでは成果が出ているのに他のASEAN諸国ではいまいち成果が出ていない、ベトナムでは高いシェアを持っている企業が他のASEAN諸国ではシェアが低い、といった類のものがあります。要は、ASEAN全体で網羅的に成果を上げられている企業が少ないという話です。

　これには、先に述べた「型」がどうやって作られたかが大きく影響しています。これらの企業は、実は成果が出ているシェアが高い国ではしっかりと

した「型」を持っているのです。しかし、その型が戦略的に作られたものではなく、属人的に作られた、多くの場合はある一人の優秀な駐在員が長きに及ぶ駐在経験の中からあみ出した型なので、その駐在員がいる国では型があり成果が出るが、そうでない国では型がないので成果が出ないわけです。駐在員の任期が数年でころころ変わっている国では、この属人的に型を作り出すことすら叶わないので、長期に渡り鳴かず飛ばずの状態が続くのです。つまりは、型に再現性がないのです。

　こういった企業は、製品（プロダクト）がダメなのではないか、価格（プライス）が高すぎるのではないか、はたまた宣伝広告（プロモーション）が足りないのではないかと試行錯誤するのですが、根本的に改善すべきは販売チャネル（プレイス）の型なのです。

　型を持つことは重要ですが、その型をどう作るかということもまた重要であるということです。**販売チャネルの「型」は属人的に作るのではなく、戦略的に作り上げなければ、その精度は低く、再現性に乏しく、継続的な成果や、網羅的な成果に繋がらない**のです。たまたま成果が出たというのでは、現代のグローバル競争には勝てず、いずれ敗北してしまうのです。

　型とは、言わば料理で言うところのレシピのようなものです。たまたま良い味になったのでは、その味を他人がもう一度作ることはできません。しかし、何度も失敗を繰り返し、試行錯誤した上で、レシピとして完成させることができれば、そのレシピを見た人は皆、その味を再現することができるのです。

　また、この型作りは一夜にしてできることではなく、それなりの時間を要します。今、日本企業が急ぐべきは、自分達の販売チャネルの型がどうあるべきかを明確にし、それを戦略的に作り上げることなのです。まさに販売チャネルの再構築が急務なのです。

▶輸出の場合と現産現販の場合の販売チャネル

　海外販売をする際、日本で作ったものを海外へ輸出するケースと、海外現地で生産したものを現地、あるいは現地周辺の国々で販売するという、大き

く分けて２つのパターンが存在します。この２つは、販売チャネルの型、特に先で説明した１つ目の流通構造（チャネル・ストラクチャー）が根本的に異なります。型が異なるということは、戦略や戦術といった戦い方も異なります。それぞれの正しい型を理解し、それに合った戦い方をしなければ効率的にシェアを上げることはできないのです。

　前者のケースでは、**伝統小売（Traditional Trade：TT）という新興国市場独特の流通を考える必要はありません。一方で、後者は、近代小売（Modern Trade：MT）に加え、伝統小売を含めた流通を考えなければなりません。** このことが、販売チャネルを作る上で大きく影響するのです（もちろん、昨今、成長が著しいオンライン流通に関しては、どちらのケースでも考えていく必要があります。オンラインに関しては、後の項で詳しく解説しますので、ここではいったん、オフラインに集中します）。

　大半の場合、前者の輸出から始まり、ある程度の実績を経て、後者の現産現販のパターンへと移行していくわけですが、大企業であっても、輸出だけで長期間販売をする国や地域も多々存在します。また、中堅中小企業の場合、そもそも求めている売上もそこまでは大きいものではないので、大きな投資が伴う現産現販には移行せずに、最初から最後まで輸出だけを行うパターンも少なくありません。

　それでは具体的に、輸出の場合と現産現販の場合の販売チャネルがどのように異なるのかを見ていきましょう。図表1-1は、輸出の場合と、現産現販の場合の一般的な販売チャネルの構造です。

　まず右側の図ですが、輸出の場合の一般的な販売チャネルです。大きく３つの特徴があります。最初の特徴は、伝統小売への配荷を行わないということです。「行えない」と言った方が正しいかもしれません。なぜなら、輸出の場合、実際に現地の小売店で売られる価格が、日本で売っている価格より高くなるからです。ものにもよりますが消費財の場合、1.5倍から2.5倍程度にはなります。

　例えば、日本で200円で売っているものを、ASEAN市場で売る場合、そこに運賃や関税、またそもそも日本市場向けに作られた商品はさほど数売れ

図表1-1　現産現販の場合と輸出の場合の販売チャネル

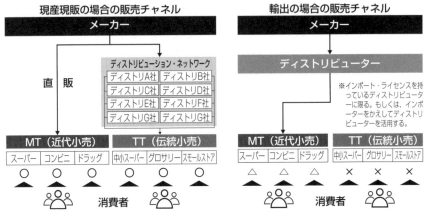

注：○＝網羅的に配荷
　　△＝日系小売、もしくは、輸入品の取り扱いがある小売に限られる配荷
　　×＝配荷しない

ないとの予測から、小売やディストリビューターもマージンを高く取る傾向
があります。これらが加わると、300円から500円、高ければ600円以上の価
格になります。そのような価格帯のものは、そもそもバラ売りや、少量売り
で「今、使いたい分だけを買える」ことが最大のメリットである伝統小売で
は売れません。したがって、販売チャネルも不要になるのです。

　次の特徴は、多くの場合、ディストリビューターは1カ国1社の体制を取
る企業が多いことです。これは、そもそも無数に存在する伝統小売を攻略す
る必要性がなく、限られた近代小売だけをターゲットにしているため、1カ
国1社の体制を取ることで自社内競合や管理の煩雑さを防ぐためです。

　そして、最後は、コンビニエンスストアやスーパーマーケット、ドラッグ
ストアなど、どの業態の小売においても、日系資本の小売や輸入品を取り扱
う小売、もしくは輸入品が集まった棚だけに陳列が限定されてしまい、現地
の中間層が一般的に買う商品としての陳列になりにくい点です。また、そも
そもディストリビューター自体が輸入品を中心に取り扱っており、日系資本
の小売や輸入品を取り扱う小売としか取引がないケースも多々存在します。
そういう意味では、配荷できる近代小売も限定的になります。

　また食材や調味料、加工食品や飲料など業務用でも使われる商品に関しては、別途、HORECA（Hotel, Restaurant, Café の略称）に強いディストリビューターを活用するケースがあります。この場合においても、輸出の場合は外資系ホテルや日系レストランなどに限定されてしまい、なかなか現地の中間層に近い場所では消費されません。

　一方で、現産現販の場合の販売チャネルの特徴（図表1-1の左側の図）は、多くの企業で近代小売は、現地法人があるので直販を行い、伝統小売に関しては、エリア毎、商品毎に複数のディストリビューターを活用する構造になっていることです。現地で商品を製造しているため、近代小売においても、現地の一般の中間層が一般的に買う商品類の棚に陳列することが可能です。

　また、伝統小売に関しても、入数やグラム数を少なくし、「今、使いたい分だけを買いたい」という伝統小売特有の顧客ニーズに対応した商品展開をし、網羅的に配荷されています。

　また、先に説明した販売チャネルの型の2つ目の組織体制や、3つ目の活動内容に関しても、当然ながら輸出の場合とは根本的に異なります。マーケティングやセールスがより自社主導で行える組織体制になっていることと、活動内容そのものも、伝統小売であってもセールスは自社で行い、デリバリーのみをディストリビューターに依頼している例も少なくありません。

　このように**輸出と現産現販では販売チャネルの型が大きく異なります**。それぞれがこれらの型をより最適化させることで他社よりも大きな売上、大きなシェアを競っていきます。輸出の場合は、やはり何と言っても「商品を置ける小売が限られる」という輸出ならではの要因があるので、進出する国や都市が成功の可否を決める上で非常に重要になるのです。例えば、ASEANであれば、VIP（Vietnam：ベトナム、Indonesia：インドネシア、Philippines：フィリピン）よりもSMT（Singapore：シンガポール、Malaysia：マレーシア、Thailand：タイ）の方が商品を置ける小売が多く難易度は低くなります。したがって、VIPよりも先に攻略すべきはSMTですし、もっと言えばそれらの国々の首都になるのです。

　現産現販では、これらの要因を考える必要は一切ありません。逆に近代小

9

売も伝統小売もどれだけ網羅的に配荷できるかという部分が競争優位の要になります。主要な近代小売と親密な関係を築くための優秀なキーアカウント・マネージャーの雇用や育成、そして伝統小売を攻略するためのディストリビューション・ネットワークを築くことが何よりも優先して重要になるのです。

2 先進グローバル企業の販売チャネルの「型」

▶先進グローバル企業の強さの秘密

　ここで言う先進グローバル企業とは、米P&Gや瑞Nestle、英蘭Unileverを指しています。彼らのASEAN市場におけるシェアは圧倒的で、日本を代表する食品や日用品メーカーも全く敵わない状況なのです。なぜ、それだけ差がひらいているのかを探っていくと、そこには日本企業にとって多くの学びがあります。結論から言うと、先進グローバル企業の強さの大前提は次の3つです。

　　1）スピードが価値に変わる仕組みを知っている
　　2）グランドデザインを描く能力が高い
　　3）指標という武器を最大限活用する

　まず1）ですが、皆さんはスピードが価値に変わる仕組みをご存知でしょうか。企業にとってなぜスピードがそれほど重要なのか。これはASEAN市場の攻略においても同じです。先進的なグローバル企業の圧倒的な強さの1つは、このスピードにあります。

　一般論として、「日本企業は決断が遅い」とか「石橋を叩いて渡りすぎる」と言われます。対して、先進的なグローバル企業は経営判断が早く即行動をすると。実際にこのような状況は、私の日々の仕事でも多々目にすることがあります。

　5年も前からずっと現場の販売チャネルではこれ以上売上が拡大しないので、なんとかしなければならないとわかっていながら、なかなか現状から変われない日本企業や、日本人の考える「良い」を押しつけるような製品と価

格ではシェアは伸びないと理解していながら問題にメスを入れられない日本企業など。問題と要因、そしてその解決策までわかっていながら動けない日本企業は少なくありません。理由は1つ、「動いて失敗するぐらいなら、動かないで現状維持の方が良いと考える」からです。日本企業はアジアで「NATO」だと揶揄されています。NATOとは、「No Action, Only Talk」の略で、「口ばかりで行動しない」という意味です。

　確かに、日本では、伝統的な大企業になればなるほど、決めるべき立場の人が決めきらないというのを、私も数多く見て来て歯痒い思いをしてきたのは事実です。しかし、同じ人間が経営する組織で、なぜ先進グローバル企業と日本企業ではこれほどまでにスピードが違うのだろうか。それは、成功の法則を合理的に理解しているという点です。先進グローバル企業は「成功」というものが、何によって構成されており、どのようなプロセスを経て作り上げられているのかを構造としてとてもよく理解しています。

　日本企業の場合、「成功は鍛錬と根性の先にある！」などと言い出しそうですが、そうではありません。**成功は、誰よりも早く動き、失敗し、学ぶプロセスを高速で回した先にあるのです。**つまりは、誰よりも早く動くことで、誰よりも早く失敗することになります。しかし、誰よりも早く失敗したおかげで、誰よりも早く学ぶことができます。そして、誰よりも早く学べれば、誰よりも早く成功する確率が上がるということになるのです（図表1-2）。

図表1-2　成功へのプロセス

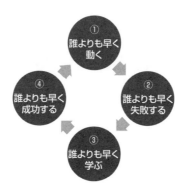

11

　もちろん、ただ早く動いて失敗するだけでは何の学びもありませんので、高度な仮説を持った状態で早く動く必要があります。そして、失敗して学んだことから失敗と成功の要因を導き出し、それを戦略や戦術にしっかりと活かすことも忘れてはなりません。先進グローバル企業は例外なく、スピードが価値に変わるこの仕組みを手に入れているのです。

　次は２）のグランドデザインについてです。海外展開における日本企業の最大の弱点は何かと問われたら、私は迷わず「グランドデザインを描く力」と答えます。**グランドデザインとは、事業の全体構想を指します。日本企業は、事業においてこのグランドデザインを描く力が著しく弱いです。**その力がないから、逆算思考で戦略を描くことができずに全てが属人的な戦術に頼った積み上げ思考となります。しかし、戦術で戦略をカバーすることは不可能なので、多くの場合、失敗に終わります。万が一、成功しても、その成功は戦略的な成功ではないので再現性が低く、継続的な勝利を収めることができません。

　日本企業はよく戦略がないと言われますが、実は戦略がないのではなく、このグランドデザインがないのです。グランドデザインがないから必然的に戦略が弱くなるのです。海外展開の例で言うと、進出している各国で異なった事業を行っており、それぞれのノウハウが双方に活かされておらず経営資源ばかりが浪費されているケースや、攻略が容易な国の展開がまだ済んでいないにもかかわらず、難易度が高い国に先に展開し成果が出ずにいるケース。また、パートナーにほぼ任せっきりだったが、ここにきて成果が停滞しているケースや、長年大した成果も出ていないのに、将来なんとかなるだろうとダラダラ進出し続けるケースなど、挙げればきりがありません。そして、最悪なのは、自分達のグランドデザインや戦略のなさ弱さには気がついておらず、現場で戦術を展開する駐在員に頼るという何とも属人的な方法でこれらの問題を突破しようとすることです。15年、20年と長期に渡りその国に駐在している駐在員が居れば、その国ではそれなりの成功はするものの、その成功は属人的なものなので、再現性が低く、他国で応用することができません。

　対して、先進グローバル企業は、このグランドデザインをとても強く意識

します。グランドデザインがないのに戦略を作れとか、戦術を考えろという話にはなりません。ましてや、そこを人の力でなんとかしようなどといった意味不明な議論には至りません。**まずは大きな絵を描き、そこから逆算で詳細に詰めていく**というビジネスの基本が組織全体に行き渡っているのです。したがって、成功体験に再現性があり、誰が行っても等しい結果が出る仕組みをいち早く作ることが可能になるのです。

　グランドデザインを描くということは2つの視点を持つということです。この2つの視点が戦略に与える力は絶大で、戦いに勝つ確率を格段に向上させます。1つは、**物事を中長期的に見るという先を見通す力**です。もう1つは、**物事を俯瞰して見るという広い視野で見る力**です。

　1つ目の先を見通す力に関しては、目の前の戦いだけでなく、設定したゴールに対して中長期的に戦いを見通し戦略を組むので、経営資源の全体配分が最適化されます。例えば、自分達が設定したゴールに到達するまでには3回の戦いがあると最初に見通せれば、手持ちの限られた数の弾丸を3回の戦いに配分して戦うことが可能になります。しかし、先を見通せなければ、目の前に突然現れた戦いに最大限の力を発揮し、そこでほとんどの弾丸を使ってしまいます。すると、その戦いには勝てても、次の戦いでは弾丸がないのでもう銃器に頼ることはできなくなります。そうなると、残されるのは気合や根性といった精神論だけとなり敗北することになるのです。

　2つ目の広い視野で見る力に関しては、自分が今戦っている戦いだけでなく、設定したゴールに対して戦いそのものを俯瞰して戦略を組むので、戦局が今どうなっていて、今後どのように進んでいくのかを常に把握することが可能になります。これができると常に先手を取ることができ、戦い方が大きく変わります。逆に、俯瞰して戦いを見ることができなければ、常に目の前の戦いしか見られず、最後は無駄な戦いで消耗してしまったために戦うべき戦いで戦えず負けるといった結果に陥ります。

　日本企業が逆算思考で考えられずに積み上げ思考になったり、ガラパゴス化するのはここに原因があるのです。グランドデザインが描けていないのですから当然のことなのです。**グランドデザインが描けないと、戦略は作れた**

として、それは局地戦的な戦略で終わってしまい、特定の局地における戦いには勝てても、戦い全体では負けてしまうので意味がなくなってしまいます。仮に、局地での勝利で十分だとしても、グランドデザインを描いた上での局地戦の勝利でない限り、その勝利を維持し続けることはできないのです。欧米の先進的グローバル企業はこのグランドデザインを描く力が日本企業よりも遥かに長けているのです。

　そして最後は3）の「指標」です。先進的グローバル企業は、市場を攻略する上で、指標というものを何よりも重要視しています。彼らのアクションには、必ず指標がつきまといます。極端に言うと、指標のないアクションは取りません。指標とは、戦略そのものと言っても過言ではないかもしれません。

　売上を上げたい時、マーケットシェアを伸ばしたい時、彼らはただがむしゃらに営業を頑張るなどといったことはしません。売上を上げるための指標は何なのか、マーケットシェアを伸ばすための指標は何なのか、現在使っている指標は間違っていないか、より良い指標はないのか、を先に考えます。まずはその指標を見つけるという作業に重点を置くのです。いったん、指標が見つかると、その指標を達成させるために最も効率の良いアクションプランを組み立てます。そして、それを小さく回して確証を得たら一気に規模を広げ目標や目的を達成していくのです。

　例えば、食品メーカーがASEAN市場でマーケットシェアを上げたいという目的があったとします。彼らが最初に取り組むのはマーケットシェアを上げられる指標は何なのかを特定することです。シェアなので、競合他社よりもより多くの人に購入してもらわなければなりません。そのためには、競合他社よりもより多くのお店に置かれていることが必要となります。したがって、1つ目の指標は競合よりも多くのお店に陳列することになります。つまりは、ストア・カバレッジ（配荷店舗数）を増やすことです。

　しかし、競合よりも多くの店に置いたはずの商品が、競合よりも売れなければ意味がないので、もう1つの指標は、置いた商品が競合よりも高い頻度で売れていくこととなります。つまりは、セールス・パーストア（店舗当た

図表1-3　ストア・カバレッジとセールス・パーストア

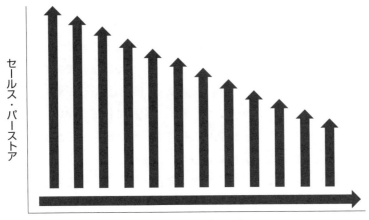

りの売上)を上げることとなるのです。

　まとめると、このケースにおける重要指標は、ストア・カバレッジとセールス・パーストアになります (図表1-3)。この2つの指標を達成することが戦略となり、それをどのように達成するかを考えるのが戦術となるのです。

　例えば、ストア・カバレッジを上げるには、自社の営業マンの数を増やすのか、ディストリビューターの数を増やすのかを分析し、物理的な店舗への配荷能力を高めなければなりません。セールス・パーストアを上げるには、店舗内におけるマーチャンダイジングを改善したり、ATL(Above the Line – マスメディアを活用したプロモーション)に投資することでEvoked Set (エボークドセット – 消費者が何かを買おうと思った時に頭の中でイメージされるブランドの集合体)に入る確率を上げたり、さらには、BTL(Blow the Line – DMやPOP、イベントなどのプロモーション)に投資を行い消費者に店頭で選ばれる確率を上げなければなりません。これら設定した指標を達成するための方法論が戦術なのです。

　先進的なグローバル企業は、この指標が非常に明確で全てのアクションはこの指標に基づいています。だから彼らは戦略的なのです。一方で、日本企

業の場合、戦略がないと言われても、いったいそれがどういうことなのかいまいちよくわかっていないケースが少なくありません。戦略がないとはいったいどういうことなのか、何をすれば良いのかと悩んでいる人が大半です。

　戦略がないとは、つまりは、指標がないということなのです。指標がない企業が戦いに勝つことはありません。仮に、一度や二度勝てても、継続的に勝ち続けることはできないのです。なぜなら、**戦略とは進むべき方向であり、戦術とは進むための方法**だからです。戦略を戦術では補えないのです。重要なのは、目標達成をするために必要な指標を見つけ出し、それを追い続けることです。そうすればどの方向に進むべきかが見えてきます。

　また、忘れてはならないのは、**指標は時代の流れとともに劣化し、新しい指標に置き換わる**ということです。業界によっては、新しい指標への新陳代謝が数年単位で起こる場合もあります。また、競合によって自分達の指標が無効化されることもあります。いつまでも古い指標を正しいと信じ込み、新たな指標を読み間違えると、市場からは淘汰されてしまうことも忘れてはいけません。

▶PG型の販売チャネル

　さて、先進グローバル企業の強さの大前提を知ったところで、本来の販売チャネルに話を戻します。実際にこのような大前提を持った先進グローバル企業がどのような販売チャネルを構築しているのか。また彼らの販売チャネルの型の特徴はどのようなものなのかを具体的に見ていきましょう。

　私は先進グローバル企業の販売チャネルを大きく「PG型」と「ネスレリーバ型」の２つに分けています。PG型とは米P&Gで、ネスレリーバ型とは瑞Nestleと英蘭Unileverの販売チャネルです。その他の欧米系、アジア系の先進的な企業もだいたいこのどちらかをベースにした販売チャネルを構築しています。

　はじめに、PG型の販売チャネルから解説します。まずは、販売チャネルの構造を図表1-4に示します。

図表1-4　PG型の販売チャネル

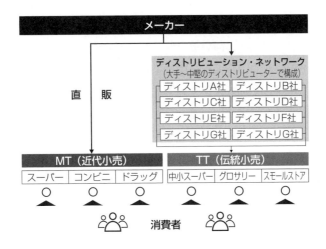

　PG型の最初の特徴は、近代小売は直接自社の現地法人が担当する点です。現地法人があるのだから当たり前のように聞こえますが、実は日本企業の場合、現地法人があっても、ディストリビューターを介すケースは少なくありません。PG型の場合、特に、各国の主要な大手小売チェーンは、必ず自社の人間がキー・アカウント・マネージャーとして複数名存在し、小売のバイヤーから上層部に至るまでがっちり押さえています。大手小売チェーンともなれば、1社で相当な量を売ってくれるわけですから、そこにディストリビューターを介在させ、無駄なマージンを外に出すということはしません。

　一方で、国によって数十万店、数百万店存在する伝統小売に関しては、ディストリビューターを活用します。効率を考えれば当然のことです。ASEAN市場ではおおよそどの国でも8社程度の大手から中堅規模のディストリビューターを活用しています。昔は、50社程度活用していた時代もあったようですが、今ではASEANだと、どの国も8社程度に集約されています。8社の内、2社は大手で、残り6社が中堅規模のディストリビューターであることが多いです。そして、それぞれをエリア別に配置し、テリトリーを明確にしています。欧米の先進的グローバル企業は1980年代にはASEANを市

場として捉えていましたので、この「集約」には長年の経験値から成る多くのノウハウが詰まっています。

　2社程度の大手に関しては、長年にわたり彼らのセールス機能強化のための投資を施してきており、高いセールス機能を持つディストリビューターがほとんどです。そして、6社程度の中堅規模のディストリビューターには、現地法人から自社のセールスを常勤で派遣し、セールス指導はもちろんのこと、セールス活動も一緒に行います。これら中堅規模のディストリビューターの多くは、取り扱い商材の大半が米P&Gという企業が多く、米P&Gの商品しか取り扱ってないという企業も少なくありません。

　これら米P&Gのディストリビューターを訪問し、現場を見て、社長とお話をするとわかるのは、彼らの販売チャネルには合理的な仕組みが戦略的に作られているということです。そして、その仕組みのおかげでディストリビューターはどこも潤っており、「私達は米P&Gに育てられた」と感謝の気持ちを口にし、感情的な結束感も行き届いているのです。

▶ ネスレリーバ型の販売チャネル

　近代小売の直販に関しては、PG型もネスレリーバ型も大差はありません。瑞Nestleも英蘭Unileverも直販が最も投資対効果が高いと判断しています。

　一方で、伝統小売に関しては、ディストリビューターを活用するという構造自体は同じなのですが、そのディストリビューターの規模と数に大きな違いがあります。次の図表1-5の通り、瑞Nestleや英蘭Unileverは、小規模のディストリビューターを100社〜200社も活用するのです。どれぐらい小規模かというと、従業員数で数名〜数十名の規模です。そして100社〜200社は、地域別にテリトリーが決まっており、各社が地場を担当します。これらディストリビューターをディストリビューション・ネットワークとして束ねることで、伝統小売向けの販売チャネルを構築しているのです。

図表1-5　ネスレリーバ型の販売チャネル

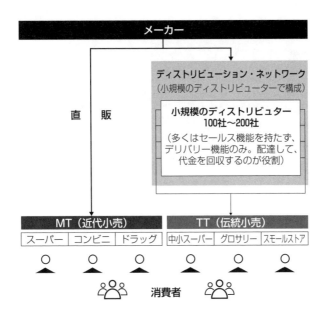

　そして、ネスレリーバ型の販売チャネルの最大の特徴は、セールス機能を
ディストリビューターに持たせないことにあります。セールスはあくまで自
社の現地法人が担うのです。これら無数のディストリビューターの役割は、
商品のデリバリーと代金回収です。したがって、セールス機能を持つPG型
のディストリビューターよりもマージン率が低く、ディストリビューターとい
うよりかは、日本で言うところの小規模な配達業者に近いです。また、これ
らディストリビューターは比較的頻繁に入れ替わります。
　またPG型と比べてメーカーとの連帯感は明らかに低いです。PG型はディ
ストリビューターの管理育成を通じてディストリビューターとメーカーの連
帯感が強く、またディストリビューターのメーカーに対する忠誠心も高いの
が特徴ですが、ネスレリーバ型にはそれらの感情的な側面はあまり見られま
せん。互いに役割と対価といった非常にビジネスライクな繋がりのみです。
　いずれにしても、どちらの販売チャネルにおいても、これらメーカーは高

いシェアを維持しており、日本企業にとって十分に参考になる販売チャネル
の型であることは間違いありません。

POINT　代理店と販売店の違い

　皆さんは、代理店と販売店の違いを明確に理解しているでしょうか？　日本だ
と代理店と販売店の違いをあまり意識せずに使っているケースが多々見受けられ
ますが、この2つは似て非なるものであり、ASEAN市場に限らず海外では明確
に区別されています。代理店は英語では、Agent（エージェント）で、販売店は
Distributor（ディストリビューター）です。両者はモノやサービスを販売する業
態であることは同じなのですが、その方法が異なります。
　代理店（エージェント）は、モノを仕入れて、在庫として管理して、販売する
ことはしません。彼らはメーカーの代理として顧客に営業をしますが、実際の契
約はメーカーと顧客の間で行われ、代理店はそれに対して手数料という形でメー
カーから報酬を得るのです。保険や携帯電話の代理店などがまさにこれに当たり
ます。保険の契約は保険会社と顧客が結びますし、携帯電話は代理店が顧客とキ
ャリアの仲を取り持ちますが、契約は携帯キャリアと顧客との間で締結されます。
　一方で、販売店（ディストリビューター）は、自己の責任においてメーカーか
らモノを仕入れて、在庫として管理して、顧客に販売します。したがって、契約
もディストリビューターと顧客の間で取り交わされます。基本的にはメーカーが
そこに介在することはありません。例えば、自動車ディーラーなどは販売店に当
たります。皆さんが車を買う際に、売買契約は自動車メーカーとは結びません。
契約はディーラーである販売店と結びます。
　このように代理店（エージェント）と販売店（ディストリビューター）では、
明確にその役割が異なります。本書で解説しているのは後者の販売店（ディスト
リビューター）になります。

3　輸出の場合の強固な販売チャネルの作り方

▶狙う市場で成功確率が大きく変わる

　輸出でASEAN市場を狙う場合、最も重要なのは国選びです。輸出事業で
展開するということは、先述した通り運賃や関税、余分な流通マージンなど

で商品の価格が日本より高くなります。したがって、**より一人当たりGDPや、可処分所得、世帯年収などが高い国の方が基本的にはターゲットとなる消費者が多くいる**ことになります。

　また都市部と地方部で所得の差が激しいASEAN市場においては、より首都やそれに次ぐ大都市に輸出品のターゲットとなる消費者が集中することになります。したがって、タイを狙うのではなくバンコクを狙う、マレーシアを狙うのではなくクアラルンプールやジョホールバルを狙う、ベトナムを狙うのではなくホーチミンやハノイを狙う、インドネシアを狙うのではなくジャカルタを狙う、フィリピンを狙うのではなくメトロマニラを狙うということになるのです。

　そして、SMTの方が、VIPよりも様々な面で近代化された市場であり、一人当たりGDPや可処分所得、世帯年収も高いため難易度が低いのはSMTになります。

　VIPはまだ市場の7〜8割が伝統小売の市場であり、絶対的に近代小売の数が足りません。例えば、ベトナムの主要近代小売の数はせいぜい8,000店程度です。インドネシアは36,000万店程の近代小売があるものの、内33,000店舗は地場系のコンビニエンスストアのアルファマートとインドマレットです。そして、彼らはハラル認証（対象となる商品がイスラム法に則って生産、提供されたものであることをハラル認証機関が監査し、一定の基準を満たしていると認めること）のない商品は店舗に置いてくれません。つまりは、置ける近代小売は3,000店舗ということになります。フィリピンも9,000店舗程度です。しかも、これら全ての近代小売が日本からの価格の高い輸入品を置いてくれるとは限りません。2割、3割置ければ良い方だと思います。そう考えるとVIPではまだまだ近代小売の数が足りないのです。

　一方、シンガポールは日本同様にほぼ全てが近代小売であり、毎年1,850万人以上[※]の外国人観光客が淡路島程の小さな国に来ることを考えると、他国への波及効果もあり十分魅力的な市場です。また、タイもセブン-イレブンだけで2万店あり、日本に次いで世界第2位の多さです。マレーシアは、インドネシア同様にハラル認証が必要な国であり、認証を取らなければ、結

局は日本人駐在員や地場以外の外国人向けとしてしか売れずに非常に小さなパイを狙うことになってしまうので注意が必要です。

（※）：コロナ前の2019年のデータ。出所はシンガポール観光局。

　このように、ASEANの中でも狙うべき市場には優先順位があるのです。ここで、ASEANを含め、世界全体で後進国がどのようにして新興国市場になっていくのかを説明します。これを理解できると、今、自分達が狙おうとしている国がどのステージにいるのかを容易に把握することが可能になります。まずは、図表1-6をご覧ください。

　日本は過去、多くのASEANの国々にODA（政府開発援助）を通じ、多額の支援をしてきました。例えば、ほんの一例にすぎませんが、マニラのニノイ・アキノ国際空港のターミナル２やセブ・マクタン空港などの主要国際空港、インドネシアのジャカルタMRT（地下鉄）、ベトナムのニャッタン橋、カンボジアのシハヌークビル港、タイの産業人材育成計画などです。

　図のようにまずは１のODAが始まります。ODAは、新興国になってもある程度長期で継続されます。その後、２の外資企業誘致政策が始まります。政府が工場用地や建屋、そこで働く工員、さらには税制優遇策を用意し外資の製造業を誘致するのです。そうなると、３の政府と民間のインフラプロジェクトが国の至るところで見受けられるようになり、４の民間進出第一陣であるインフラ事業者が進出をします。その後、５の自動車、６の家電メーカー、７のFMCGメーカーと続いていきます。特に、７のFMCGメーカーの

図表１-６　後進国が新興国になる過程

後進国	1. ODA（政府開発援助）	2. 外資企業誘致政策
3. 政府と民間（商社や銀行）などの官民インフラ整備プロジェクト	4. 民間進出第一陣（インフラ事業者など）	5. 民間進出第二陣（自動車メーカーなど）
6. 民間進出第三陣（家電メーカーなど）	7. 民間進出第四陣（FMCGメーカーなど）	新興国

多くは、現産現販が目的で進出してきますので、それだけ現地の内需が潤っ
てきていることになります。つまりは、外資企業を誘致することでその国の
生産拠点化が進みます。生産拠点化が進むと、雇用が増え、またそこで作ら
れた製品が海外に輸出されることで外貨を稼ぎます。こうして新興国へと豊
かになっていくのです。まさに、中国やASEANの国の多くはこのパターン
で新興国へと著しい成長を遂げているのです。

　では、具体的に国別の難易度を見ていきたいと思います。もちろん、各社
様々な状況や背景があるとは思いますが、基本的には、輸出で展開する場合
の国別の難易度は図表1-7の通りです。

　まずは、グループAは、見ての通りどの国もほぼ先進国であり、日本と
近しい、もしくはそれ以上に豊かな生活をしている国々です。これらの国々
の消費者は、日本からの輸入品に対する抵抗がないどころか、既に多くの日
本の商品を知っていることすらあり、好んで購買する層も多いのが特徴です。

　また、シンガポールや香港などは関税が一切かからない自由貿易の国々で
す。さらに、いずれの国も国土が狭く、富が一カ所に集中しているという戦
術上大変攻めやすい国々でもあるのです。これらグループAは、販売する

図表1-7　輸出における国別の難易度

難易度が低い			難易度が高い
グループA	**グループB**	**グループC**	**グループD**
香港	中国	MT	インド
台湾	・華北	・マレーシア	・ニューデリー
シンガポール	・華東	・タイ	・ムンバイ
韓国	・華南		・コルカタ
		VIP	などの大都市
	・上海	・ベトナム	
	・北京	・インドネシア	CLM
	・広州	・フィリピン	
	・天津	などの大都市	・カンボジア
	・深圳		・ラオス
	・武漢		・ミャンマー
	・成都		などの大都市
	・重慶		
	などの大都市		

上での様々なハードルが低く、輸出で海外展開をする際には最初に検討をすべき地域です。

　次のグループBの中国の大都市に関しては、とにかく一都市一都市の経済規模の大きさに着目してください。皆さんは、愛知県や大阪府のGDPをご存知でしょうか。おおよそ40兆円程です。では、広東省のGDPはご存知でしょうか。248兆円^(※)以上あり、グループAの韓国のGDP219兆円^(※)を超えています。

　都市単位で見ても、大阪市が約20兆円で、名古屋市が約13兆円であるのに対し、深圳市が53兆円^(※)で、日本ではあまり馴染みのない重慶市や武漢市でも、それぞれ47兆円^(※)と35兆円^(※)です。このGDPの大きさを見れば、お隣中国の一都市がいかに大きな都市であるかがおわかりいただけたと思います。これだけ大きな都市が、飛行機で数時間圏内にあるということがどれだけ大きな価値であるかということを理解しなければなりません。

（※）：いずれもUS1ドル=136円で換算。

　次がグループCですが、これらの市場を輸出で攻略する際はやはり、前述した通りSMTとVIPに分けて考えることと、首都、もしくはそれに次ぐ大都市にフォーカスをすることが重要です。また、マレーシアとインドネシアは多くの場所でハラル認証を求められるので注意が必要です。

　さらに、ASEAN市場を考える時は、今後の成長性も十分加味しなければなりません。特に大きな人口を抱えるVIPは、まだまだ成長過程であり、将来にわたって高い成長が見込まれています。ベトナムの人口が現在1億人弱、インドネシアが2.7億人、そしてフィリピンが1億人強です。各国の平均年齢は、31歳、29歳、26歳と少子高齢化が進む日本の平均年齢48歳と比べると若く、まだまだ人口ボーナス期が続きます。このような市場に今の内からくさびを打つことは大変重要なのです。

　そして最後がグループDです。まず、カンボジア、ラオス、ミャンマーのCLMに関しては、仮に首都だけを狙ったとしても近代小売の数が圧倒的に少ない上に、購買できるある程度豊かな層が極端に少なく、ビジネスになる

ほどの額に到達しません。そもそもVIPの攻略がまだであるのにCLMに進出する理由も見当たりません。消費財メーカーが輸出で展開するにはまだ早く、当面は生産拠点と捉え市場の成長を見守るのが適切です。

　また、2023年に人口が14億2577万人に達し、中国を上回り世界一になる予定のインド市場に関しては、近年、首都デリーやムンバイ、コルカタ等の主要都市の成長は著しく、ここ数年で街の景色は一変しています。皆さんが最後にインドに行ったのが5年以上前だとすると、そこには全く違う世界が広がっています。まるで2000年前後の上海や深圳を見ているようです。本来ならば、このような成長著しい巨大市場をとりに積極的な投資をすべきだと考えますが、輸出となると話は少々異なります。

　例えば、デリーやムンバイの一人当たりGDPは、6,300ドル程です。一方で、バンコク（タイ）、ジャカルタ（インドネシア）や、マニラ（フィリピン）の一人当たりGDPはそれぞれバンコクが20,000ドル、ジャカルタが19,000ドル、そしてマニラが9,000ドルです。距離的な問題や、アジア圏ではある程度慣れ親しんだ華僑とのビジネスではなくなる点などを考慮すると、やはりインド市場も消費財メーカーが輸出で展開するには少々ハードルが高い市場であるのは間違いありません。輸出でインド市場も展開できればベターですが、インド市場以上に先に攻略すべき市場は多々あるのです。

　このように**輸出で攻略するということは、国別（都市別）優先順位をつけることが重要で、その優先順位次第で、成功の確率が大きく変わる**のです。輸出ビジネスは、基本的にはAdvanced Payment（前払い）が鉄則なので、債権回収のリスクはありません。だから適当に取り組むのではなく、より戦略的に輸出ビジネスを行い輸出売上の拡大に努めるべきなのです。輸出売上がある一定のステージまでこない限り、その先にある現産現販のステージは到達できないのですから。

▶何よりも先にターゲットを明確にする

　海外販売が上手くいかない日本企業の大きな要因の1つは、「誰に売るか」よりも「誰と売るか」により多くの労力を使っているからです。**マーケティ**

ングとは、「誰に」「何を」「どう」売るかです。どう売るかである「誰と」は、「誰に」売るかが決まってから決めるべきなのです。この順番を間違えるので上手くいかないのです（図表1-8）。

　本来、消費財メーカーにとってのターゲットとは消費者そのものになるわけですが、輸出の場合、その１つ手前の小売をターゲットとしてください。現産現販である程度のマスを狙ってビジネスをするのであれば、ターゲットは消費者に設定すべきですが、輸出の場合、限られた消費者がターゲットとなるので、その消費者が行く可能性の高い小売をターゲットとする方が効率的なのです。

　まずやるべきは、どの都市の、どの小売チェーンの、どの売場で売りたいのかを決めることです。全ての小売チェーンをリストアップし、自分達のターゲットとなり得る小売を選ぶのです。**誰と売るかは、そのターゲットとして選んだ小売の売場に確実に売れるディストリビューターであるべき**なのです。大手である必要もないですし、財閥系である必要もありません。重要なことはただ１つ、ターゲットとした小売に売れるか否かです。多くの日本企業はこのことを見失いがちなのです。

図表1-8　ターゲットの設定

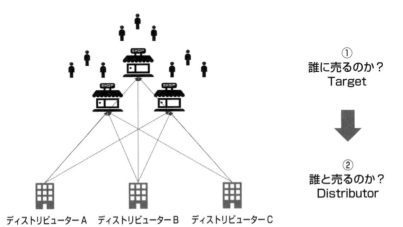

① 誰に売るのか？
Target

② 誰と売るのか？
Distributor

ディストリビューターA　ディストリビューターB　ディストリビューターC

▶輸出に向いたディストリビューターの選び方

　ディストリビューターの選び方については、輸出であっても現産現販であっても同じことですが、ディストリビューターを取扱品目で分けることです。例えば、下記の通りです。

　1）Food系に強いディストリビューター
　2）Non-Food系に強いディストリビューター

　ディストリビューターがどのような商材の取扱いに強いのかは、売上を大きく左右します。食品が強いディストリビューターに洗剤を売らせても、同じ小売店に売るのであっても、やはり売場が違うと、親しくしている売場バイヤーも違うので、新規に近い状態にもなり得るのです。したがって、取扱い商材とできる限り近いディストリビューターを選ぶ必要があります。

　次に重要となるのは、下記の通りです。

　1）輸入品に強いディストリビューター
　2）現産現販品に強いディストリビューター

　先でも説明した通り輸入品と現産現販品は、売れる小売や売場に大きな違いがあり、ディストリビューターによって輸入品が強かったり、現産現販品が強かったりするのです。

　輸入品に強いディストリビューターは、その他の取扱い品目も輸入品が中心で、輸入品が売れる小売や売場バイヤーとの関係が深いのです。当然ながらより多くの輸入品を取り扱っているディストリビューターの方が小売との交渉力も強いわけです。また、これらのディストリビューターの多くはインポート・ライセンスを保有し自社で輸入を行っています。わざわざ、別にもう1社のインポーター（輸入業社）を介在させる必要もないのです。

　輸出で展開していくということは、伝統小売のことは考える必要がありませんから、現産現販のように伝統小売への配荷ケイパビリティなど不要なわけです。**自分達の設定したターゲット小売、売場に強い、同一商材を取り扱う、輸入品に強いディストリビューターを選ぶべきなのです。**

第2章

市場環境と競争環境の可視化で勝ち筋が見えてくる

1　市場環境の可視化なくして利益なし

▶ASEAN特有の小売流通を理解する

　ASEAN市場に参入する際に避けて通れないのが、「市場環境の可視化」と「競争環境の可視化」です。自分達が参入しようとしている市場がいったいどのような市場なのかを多角的に理解しなければ戦い方は定まりません。そして、自分達が戦う相手がどれ程の脅威なのかを理解しなければ、その脅威に備えることもできません。今回はまず前者の市場の可視化、中でも、特にASEAN市場特有の小売流通にフォーカスしてお話を進めたいと思います。

　ASEANの小売流通を語る際に、まず最初に挙げるべきは「伝統小売」の存在です。日本やその他の先進国のようにほぼ全ての小売が近代小売ではなく、国によっては市場の大半を伝統小売が占めているのです。その数は数十万店～数百万店にも及びます。

　近代小売というのは、図表2-1の左側の通り、スーパーやコンビニエンスストア、ドラッグストアのような近代的な小売で、POSレジが設置され多くがチェーンストア化した小売を指します。一方で、伝統小売とは、図表の右側の通りパパママショップ的な小規模な単体の店舗で、POSレジなどは設置されていません。店舗の面積は様々ですが、最も一般的な大きさは縦横数メートル程度で、店員も一人、ないしは数名程度です。交通量の多い場所や、住宅密集地などに多数点在しています。

　各国における伝統小売の比率に関しては、図表2-2の通りです。点線内のASEANの箇所をご覧ください。シンガポールはほぼ全てが近代小売なので、マレーシア、タイ、ベトナム、インドネシア、フィリピンの5カ国にフォーカスしています。まず、SMTの一角を担う、マレーシアとタイに関しては、

図表2-1　近代小売と伝統小売

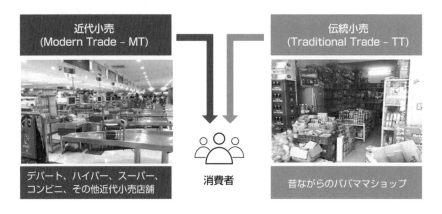

小売流通総額に占める近代小売と伝統小売の比率は50：50〜60：40です。近代小売の比率が半分まで来ていると、その国の首都や首都に次ぐ大都市の近代小売だけをターゲットとした輸出でもそれなりの金額のビジネスにはなります。

　対して、VIPに関しては、約2割が近代小売で、残る8割は伝統小売の市場です。ここまで伝統小売の比率が高いと、輸出だけではなかなか大きな金額のビジネスになりにくいのが特徴です。先でも説明した通り、運賃や関税、流通マージンなどが余計に嵩み日本の小売価格の2倍〜3倍程度になってしまいますので、伝統小売には向かないのです。

　ASEANの小売流通のポイントは、近代小売の比率がある程度高い市場でないと輸出だけでは戦えないということです。そして、**輸出で戦う場合は国を攻めるのではなく、近代小売が密集している首都ないしは、首都に続く大都市を攻める**ことが重要であるということです。したがって、**輸出に向いているのは近代小売が大きいSMTで、不向きなのが伝統小売中心のVIP**というわけです。

　では今度は、その理屈をASEAN各国の近代小売の数から見ていきます。図表2-3は、ASEAN各国の近代小売の数を表した図表です。VIPから見ていきましょう。なぜVIPでは、輸出だけでは十分に大きなビジネスには育たな

図表2-2　小売市場(食品及び、日用品カテゴリー)における近代小売と伝統小売の比率(金額ベース)

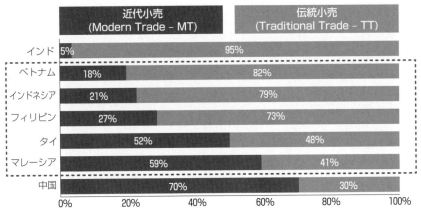

出所：Euromonitor のデータを元にスパイダー・イニシアティブにて推計。

図表2-3　ASEAN各国の食品、日用品を主に取り扱う主要な近代小売の店舗数

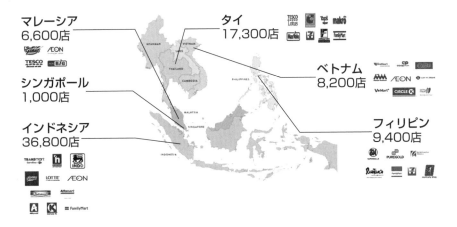

いのか。それは近代小売の数に起因します。例えば、ベトナムの主要な近代小売の数は約8,200店舗です。日本は、セブン-イレブンだけでも2万1,000店舗あります。全ての近代小売を合わせて8,200店舗だと、仮に配荷率100％だったとして、平均的な週販を加味しても大きな金額にならないのは明らかです。

　また、一人当たりGDPの観点でも、2,700ドル強とASEAN6の中でも最も低く、まだまだ購買力も成長過程にあるため値段の高い輸入品に手が出せる層は限られた人達であることがおわかりいただけるでしょう。一方で、伝統小売は66万店以上存在する市場なので、現産現販を基本とした伝統小売の攻略が重要な市場であることがおわかりいただけると思います。

　フィリピン市場に関しても同様です。主要な近代小売の数が約9,400店舗で、一人当たりGDPも3,500ドル程度の市場なので、やはり輸出だけだと現状ではさほど大きなビジネスにはなりません。一方で、伝統小売は80万店存在し、近代小売に合わせて伝統小売をもターゲットとすれば大きなビジネスに成長するポテンシャルは十分にあります。

　そしてVIPの最後はインドネシアです。図を見るとインドネシアの近代小売の数はASEAN6の中でも最も多く36,800店舗もあります。これだけ多くの近代小売があってなぜ近代小売が中心となる輸出でビジネスが大きく拡大しないのか。その理由は2つあります。

　1）ハラル認証が必要な国であること
　2）近代小売の9割以上は2社の小売で占められていること

　1つ目のハラル認証に関しては、インドネシアは人口の85％以上がイスラム教徒の国なので、一部の日系スーパーやローカル系スーパーでも輸入品棚を除いては、ハラル認証がないものは置いてくれません。つまりは、近代小売が3万6,800店舗あっても、そのほとんどのお店では置いてもらえないのです。

　そして2）に関しては、インドネシアの近代小売3万6,700店舗の内、3万3,700店は、アルファマートとインドマレットという2社のローカル系コンビニエンスストアで占められているのです。近代小売の9割以上ということになります。これが何を意味するのかはもうおわかりでしょう。そうです。この2社に商品が置かれないということは、残る3,000店舗が置ける場所の最大値になりますので、非常に少ない店舗数になるのです。

　これだけ強い二強のコンビニエンスストアですから、当然、小売の交渉力

が圧倒的に強いのは想像に容易いと思います。商品を置きたいのであれば、まず高額なマージンに加え、リスティングフィー、棚代、セルアウトを作るための四半期毎のキャンペーン、返品条件などなど様々な難題をクリアし、且つハラル認証を取らなければなりません。それでも、売れなければ数カ月で容赦なく棚落ちします。棚落ちした商品やメーカーの敗者復活戦は並大抵ではありません。

　このようにインドネシア市場はこれら近代小売への投資を447万店の伝統小売で回収する構造がなければ大きく利益を出すことができないので、輸出ではビジネスが大きくならないのです。

　ここで少し気になるのがシンガポールとマレーシアではないでしょうか。SMTの一角を担うのに、近代小売の数はシンガポールがわずか1,000店舗、マレーシアも6,600店舗とVIPで最も少ないベトナムよりも少ないのです。なのに、なぜ輸出に向いている市場なのか。それは一人当たりGDPの高さに秘密があります。シンガポールの一人当たりGDPは、世界第5位で日本より高く6万5,000ドルを超えています。また国土も淡路島程度なので、実は主要小売が1,000店舗というのは決して少なくはないのです。マレーシアもシンガポールに続きASEAN6では2番目に高く1万1,000ドルです。ベトナムやインドネシア、フィリピンの実に数倍から数十倍の高さです。ここまで一人当たりGDPが高いと、近代小売の数が少なくても、輸出でもある程度の規模まではビジネスが拡大するのです。

　ただし、忘れてはいけないのは、マレーシアもまたハラル認証が必要な国だということです。もちろん、華僑マーケットがある程度の規模あるのでインドネシア程マストではないものの、輸出でもメインストリームに入り込むにはハラル認証が必要であることは間違いありません。

　そしてSMT最後のタイも一人当たりGDPでは、ASEAN6では3番目の高さで8,000ドル程度あります。近代小売の数も1万8,000店舗なので、近代小売をターゲットとした輸出でもある程度までビジネスは拡大します。

　このように**ASEANを輸出で攻略する場合は、「一人当たりGDP」と「近代小売の数」のバランスが重要**になります。一人当たりGDPが1万ドル程

度あれば、近代小売の数が少なくても、単価が高く設定でき、商品の回転率もある程度早まるため輸出でも十分ビジネスが成り立つのです。**ASEANで輸出からビジネスを始める場合は、「SMT」＞「VIP」＞「CLM」の順番が基本**です。是非、覚えておいてください。

POINT **近代小売と伝統小売の比率に関するデータを見る際の注意点**

　ここで少し伝統小売の比率や数に関するデータを見る際の注意点についてお話ししたいと思います。本件に関しては、様々な機関や企業から色々なデータが出ていますが、それぞれデータが微妙に違い、いったいどれを参考にすれば良いのか悩んでしまうといった経験が皆さんもあるのではないでしょうか。

　まず伝統小売の比率に関するデータですが、これらのデータは対象となる国の小売市場における近代小売と伝統小売の比率を金額ベースで出したものです。つまりは、小売市場全体の内、どれくらいの割合（金額）が近代小売を通じて買われていて、どれくらいの割合（金額）が伝統小売を通じて買われているのかを表しています。ここでトリッキーなのは、まず店舗数の比率を言っているのではなく、金額の比率を表している点です。

　次にトリッキーなのは、カテゴリーです。「小売市場」というのは、例え自分達の興味が食品や日用品などの消費財だったとしても、小売で売られているもの全てを含み、その中で近代小売と伝統小売それぞれを通じて売られた金額の比率になるので、カテゴリーによってはかなり実態の比率とは異なってくる場合もあります。

　また世の中に出回っているデータの中には、ASEAN6で2番目に伝統小売の数が多いフィリピンの伝統小売の比率（金額ベース）が非常に小さく記載されているデータを目にすることもあります。これは本書でも後に第4章のフィリピンの章でご説明しますが、フィリピン特有の事情である伝統小売が一部の近代小売を通じて仕入れを行っていることが加味されていないからだと思われます。

　私が代表を務めるアジア新興国市場に特化したマーケティング会社のスパイダー・イニシアティブでは、これらのデータを出す際は、食品や日用品等の消費財カテゴリーにおける近代小売と伝統小売の金額ベースの比率をEuromonitor（ユーロモニター）などのデータを元に推計し出しています。

▶ 効率的な近代小売への導入方法

　ASEANの近代小売で一番考えなければいけないのは、下記の2点です。

　1）リスティングフィーや棚代などの「**導入費用**」

　2）小売に置いた商品をセルアウトさせるためのBTL（Below the Line –
　　　野外看板やデジタルサイネージ、折り込み広告、DM、POP、イベン
　　　トといった販促施策）を中心とした「**プロモーション費用**」

　まず、**1）の導入費用の代表例は、リスティングフィーと棚代**です。
ASEANの小売で商品を売る際には、その商品を小売に登録するためのリス
ティングフィー、つまりは商品登録料／口座開設費用というのが必ず必要に
なります。1ブランド毎に必要で、国や小売にもよりますが、数十万円〜数
百万円かかります。

　棚代というのは、商品を置く棚の場所代です。小売の立場で考えると、商
品棚には常に売れる商品だけを陳列しておきたく、売れない商品で無駄に棚
のスペースを使いたくないわけです。なので、売れても売れなくても最低限
棚代は取るのです。1店舗1SKU（Stock keeping Unit）当たり数千円が相
場と一見安く思えますが、1SKUを置いたところで消費者の目にはとまりま
せんので、最低でも3〜5SKU程度置き、店舗数も数百店舗とかになるとそ
れなりの金額にはなります。

　また、販売マージンは別途取っているので、販売マージン以外にこのリス
ティングフィーと棚代を取る構造になっているのです。

　これら2つの導入費用はほぼ必ず必要になります。一部の欧米の先進グロ
ーバル企業や地場企業などで、伝統小売を含め圧倒的なシェアと知名度のあ
るブランドに関しては、安価な提示がなされています。小売からすればよく
売れるのでお店に置きたいブランドであるため当然と言えば当然です。日本
企業の多くはさほど数が出ないと思われているため、高めの提示をされるケ
ースが大半です。

　またこれらの費用は誰が小売と交渉するかによっても大きく変わります。
小売との関係性や、現状の他の取引など相対的な判断になります。小売と強

い関係がある者が交渉をすれば当然優位になりますし、ほぼ初対面であれば定価もしくは高い値段で持ちかけることになるわけです。

　このように、導入費を払ってもまだ売れることが保証されたわけではありません。これはあくまで、小売店の棚に並べられる権利を得たということであり、仮に並んでも売れなければ意味がありません。商品の売れ行きが悪ければ、せっかく、導入費をかけても、半年足らずで棚落ちしてしまいます。いったん、**棚落ちすると、相当な施策案を提示しない限り、小売のバイヤーは再度陳列はしてくれません。つまりは、敗者復活戦は大変**だということです。だからこそ2）の「プロモーション費用」が重要になってくるのです（図表2-4）。

　商品を棚に並べることと、並べた商品を手に取ってもらうことは全く異なる次元の話です。日本国内のビジネスであれば、皆さんの会社や商品は誰もが知っており、消費者の信頼、市場の理解も十分にあります。したがって、棚に並べておけばプロモーションなど打たなくともある程度は売れます。しかし、ASEANに出た途端、その資産はほぼ使えなくなるわけです。誰もあまり知らない、価格の高い日本の商品に手を伸ばす確率は格段に下がります。だからこそ導入期には特にこのプロモーション費用が重要になってくるのです。

　プロモーションと言っても、まだ商品が全ての小売に網羅的に並べられて

図表2-4　国内外におけるプロモーションの違い

日本国内でのビジネス		海外でのビジネス	
知名度 ▶	ある	知名度 ▶	ない
消費者の支持 ▶	ある	消費者の支持 ▶	ない
小売の信頼 ▶	ある	小売の信頼 ▶	ない
販売チャネル ▶	ある	販売チャネル ▶	ない
ノウハウ ▶	ある	ノウハウ ▶	ない
オペレーション ▶	ある	オペレーション ▶	ない

棚に並べるだけである程度売れる　　棚に並べただけではほとんど売れない

いる状態でもないので、テレビや新聞、ラジオや雑誌などのマスメディアを活用したATL（Above the Line）を行っても砂漠に水を撒くようなことになるので、店頭イベントやSNSのインフルエンサーを活用したBTL（Below the Line）にフォーカスする方がROI（Return on Investment – 投資収益率）は良くなりますので、ここで言うプロモーション費用とはBTLを指しています。

　そして、プロモーションを打たなければ商品が動かないことを小売側も理解しているので、プロモーション投資をする旨のプレッシャーは少なからず小売側からもかかってきます。

　まとめると、小売に導入するためにはそれなりの投資が必要だということです。しかし、まだ売れるか否かわからない状態では、できる限り初期投資コストを抑え、最小限の投資で成功の法則を掴んでから、その法則の展開域を徐々に広げたいというのが本音かと思います。ここからは、その方法について解説します。

▶ 効果的・効率的な投資の方法

　まず**重要なのは、「小さく産んで大きく育てる」という考え方**です。私は過去に、日本での実績を提げて、意気揚々とASEAN市場に乗り込み、高品質のジャパン・ブランドを謳い文句に一気に近代小売に並べたが、想定以上に商品が売れずに半年後に棚落ちといった例を多く見てきました。これは「良いモノなんだから必ず売れる」という過信が生んだ失敗例です。むしろ、「売れない、どうしたら売れるのか」といった位の考えでいた方が無難です。だからこそ、小さく産んで仮説を検証するのです。そしてその仮説検証の領域を徐々に大きく育てていけば良いのです。最終的にはそれが皆さんの成功の法則として確立されます。

　では、具体的にどうするのか。**まず最初に行うべきは、「業態の選択」**です。自社の商品が近代小売の中でもスーパーマーケットに適しているのか、それともコンビニエンスストアなのか、はたまたドラッグストアなのか何なのか。これはほぼ日本と変わらないはずなので、とにかく自分達の商品が売れる上

で最も適した小売業態を選択するのです。

　業態の選択が済んだら、**次は「小売の選択」**です。例えば、業態の選択でコンビニエンスストアを選んだとしたら、その中でもどのコンビニエンスストアが最適なのかを選択するのです。つまりは、セブン-イレブンが良いのか、ローソンが良いのか、ファミリーマートが良いのか、それともミニストップなのか何なのかということです。この選択には、各社の市場における評価はもちろんのこと、取引条件、そして交渉しているバイヤーがどれだけの熱量を持って自分達の商品に取り組もうとしているのかで決めることをおすすめします。そして、導入後、半年から1年程度は、その1社のコンビニエンスストアだけで独占的に売るというこちら側の熱量を示すことも重要です。

　この辺りが具体的になってきたら**最後は「店舗の選択」**です。実際に売る店舗を決めるのですが、コンビニエンスストアの場合、国によって何千、何万店舗もありますし、それぞれの店舗にはオーナーが存在しますので、小売側からしても最初から全ての店舗で売りましょうとはなりません。最初は、首都圏を中心に数百店舗程度を選択し、そこからスタートするのです。

　この方法だと、初期費用は最初の数百店舗分と最小限に抑えることができます。そしてこの数百店でどうしたら売れるのかを検証するのです。この数百店で実績が出ると、他の店舗のオーナーも「うちでも売りたい！」と言い始め、どんどん店舗数が拡大していきます。

　そして最初に独占的に始めたコンビニエンスストアで売れれば、今度は他のコンビニエンスストアも売りたいと言ってきます。

　コンビニエンスストア各社で売れ筋になると、スーパーマーケットやドラッグストアなど、その他の業態も売りたいと言ってきます。ここまでくると導入費用や返品条件、プロモーション費用など、小売との交渉はかなり優位に進めることができる状態になります。結局、このように段階を踏んでいくと、最小限の投資コストで、仮説を検証しながら実績に応じて投資コストを増やしていけるので、経営としては非常にコントローラブルな状況を作ることができます（図表2-5）。

　仮に、各段階で難題に直面したら、それ以上の投資コストをかけずに、一

図表2-5　小売導入に向けた投資の考え方

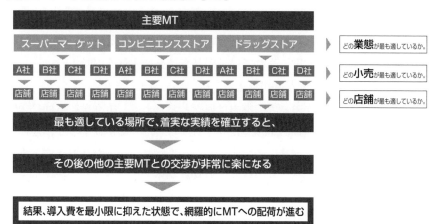

旦そこで立ち止まり、その問題をクリアさせてからまた再び進むことができるのです。

▶伝統小売で売るための2つの条件

　さて次は、多くの日本企業が課題を抱える伝統小売に関してのお話です。どうしたら伝統小売で売れるのか。そのためには2つの条件をクリアしなければなりません。これから説明する2つの条件を満たせなければ、伝統小売では絶対に商品は売れません。その2つは下記の通りです。

　1）近代小売で売れ筋になること
　2）今、欲しい分だけが買えること

　まず1つ目の「近代小売で売れ筋になる」ことについて解説します。
　伝統小売の売場はとにかく狭いのです。大きくても縦横数メートルです。稀に富裕層エリアに行くと、比較的大きな伝統小売もありますが、基本的には狭いのが特徴です。その狭い店内には、そんなに多くの商品は置けません。また伝統小売は現金商売です。現金で仕入れ、支払いサイトやツケ払いなどはありません。基本的にはcash on delivery（代金引換）で仕入れをします。

そして、近代小売のようにある一定割合の返品も認められていません。買ったものが売れなかったらその損失は自分達が被らなければなりません。そのような状況において、**売れるかどうかわからない商品など絶対に仕入れないのです。近代小売で確実に売れている商品だけを仕入れるのです。**

　次に、「今、欲しい分だけが買える」について解説します。

　皆さんは、伝統小売の最大の魅力は何だとお考えでしょうか。実は、伝統小売で売っている商品は、1個当たりやグラム当たりで換算すると、近代小売よりも10％～20％程度高いのです。また、チョコレートなど溶けてしまうようなものは、同じ商品でも溶けない原材料を使っていたりと、近代小売で売られている商品とは異なり、味も微妙に違うケースもあるのです。それでも消費者はなぜ伝統小売で買うのでしょうか。それは、今、欲しい分だけが買えるからなのです。**伝統小売の最大の魅力は、今、欲しい分だけが買えることなのです。**

　伝統小売の商品を注意深く見てみると、小分けにしたものが多いことに気づきます。ポテトチップスなどのスナック菓子も、近代小売で売られているものよりもグラム数が少なく、パッケージが小さいことに気づきます。飴は1粒から買えます。シャンプーも1回分から買えます。インスタントコーヒーも1杯分から買えます。頭痛薬も1回分から買えます。全てのものが今欲しい分だけが買える状態になっているのです。

　例えば日本だと、頭痛薬が欲しいと思ったら、たとえ、今使いたい分は1錠だったとしても、一箱20錠入りや40錠入りを躊躇なく買い今後の頭痛に備えますが、ASEAN市場では、今、まさに起こっているこの頭痛を治したいのであって、将来、頭痛が来るか否かもわからないのに、今、その将来分の頭痛薬を買うことは好まれないのです。そういったことが積み重なると、それは個人のキャッシュフローを悪くするからです。

　ASEANを始めとした新興国で携帯電話が爆発的に普及した理由をご存知でしょうか？　それはプリペイド方式を採用したからです。プリペイドは、確かに先払いを意味し、通話料を先に払うので新興国には不向きかと思いきや、実は、**先に支払っているのは使いたい分だけなので、後払いではあるも**

のの、使っても使わなくても毎月基本料が発生する定額制より良いと判断されたのです。これは伝統小売の1個当たりやグラム当たりは高いけど、今、使いたい分だけが買えるというのと同じことなのです。

　このように伝統小売で売るためには、商品の品質が良いとか、日本での実績があるとかそんなことは一切関係なく、重要なのはとにかく、「**近代小売で売れ筋なること**」と、「**今、欲しい分だけが買える**」状態にすることの2つなのです。この2つが満たされなければ、どんなに強固な販売チャネルを構築しても、一度は陳列されるが、結局セルアウトせずに、伝統小売のオーナーは二度とその商品を仕入れてくれないという結果が待っています。今、現在、ASEANの伝統小売で売れている商品で、この2つを満たしていない商品は1つもないのです。

2　競争環境の可視化なくして勝利なし

▶ 主要競合のチャネル戦略の可視化

　さて、ここからは輸出だけでなく、より現販中心の話です。私は過去20年以上に渡り、様々な日本企業のASEAN市場における戦略や戦術を見てきました。その中でも販売チャネルの脆弱性は極めて大きな問題であると実感しています。

　日本企業の多くは、自分達の販売チャネルの競争力を把握していません。いったい自分達の販売チャネルは十分に高いレベルにあるのか、それともまだまだ改善が必要なレベルにあるのかということの意識が非常に低いと言わざるを得ません。ただ良いモノを作っているのだから、「使ってもらえさえすれば」、「食べてももらえさえすれば」、「市場のレベルが上がってさえくれれば」売れるはずといった思いだけが強く、販売チャネルの競争力を意識した戦いができている企業はまだほんの一握りです。多くは、自分達の販売チャネルの「基準値」すら持ち合わせていないのです。

　販売チャネルの「基準値」とは、例えば、市場をリードする主要競合の販売チャネルを100とした場合、自分達の販売チャネルは80なのか、それとも

50なのか、はたまた20なのかといったことです。仮に50の差があるということは、その差を縮めない限り、今この瞬間もシェアの差が開き続けていることになります。

　また、別の見方の「基準値」としては、例えば、自分達の目標を100とした場合、その目標に十分到達することができる100以上の販売チャネルを持っているのか、もしくは、半分にも満たないレベルの販売チャネルなのかということです。

　消費財、特にFMCG（Fast Moving Consumer Goods – 日用消費財）ビジネスの肝は、どれだけ多くの人に、どれだけ高い頻度で、どれだけ長い期間繰り返し使い続けてもらえるかです。ということは、できる限り多くの店舗に並べ（ストア・カバレッジ）、できる限り早く売れていく（セールス・パーストア）必要があります。つまりは、セルインの数とセルアウトの数が重要だということです。自分達の商品が週に何個売れるかという想定値はどのメーカーも過去の実績からおおよそ弾き出せるはずです。

　例えば、日本で1店舗当たり平均週に10個売れていたものをASEANで20個売るということは、相当なプロモーション投資をしない限りなかなか難しいでしょうから、棚落ちしないギリギリの数を想定値として置いたとします。その想定値で現状のストア・カバレッジ、つまりは店舗数をかけた場合、いくらになるのか。その金額が少なければ、やはりストア・カバレッジが少ないということになるのです。ストア・カバレッジが少ないということは、販売チャネルが不十分であるということですから、物理的にここを改善しなければ永遠に求めている目標には到達しません。それどころか、競合の競争力次第では現状のストア・カバレッジも失いかねません（図表2-6）。

　このように販売チャネルの「基準値」を持つということは売上を上げる、シェアを伸ばす上で大変重要なのです。この**基準値を持たない限り、競争力は高められません。**そして、**基準値を手に入れ競争力を高めるためには、主要競合の可視化が不可欠**です。日本企業はこの主要競合の可視化にようやく重い腰を上げ出したというのが現状かと思います。今までは、製品力でなんとかなっていましたし、ASEANは特に重要な市場というわけでもありませ

図表2-6　ストア・カバレッジとセールス・パーストア

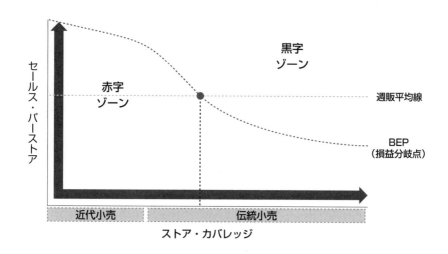

んでした。したがって、良いモノを作っていれば良いという時代が長く続いたのです。しかし、今では、中国やASEANの企業でも作れるようになりました。消費財業界においても同様です。皆が良いモノを作れるのです。また日本の良いモノが必ずしもASEANの良いモノではなかったりもするのです。そうなるとますます重要度を増すのは販売チャネルの競争力となるわけです。

　では、具体的に主要競合の何を可視化すれば良いのかについて解説します。大きく3つあります。1つ目が、**主要競合のチャネル戦略における全体像の可視化**です。例えば、主要競合のチャネルに対する基本的考え方や方針、チャネルへの投資姿勢を可視化し、全体のチャネル・ストラクチャーを明確にしていきます。具体的には、活用しているディストリビューターの数や属性、役割や取引条件、そしてマージンなど主要競合のチャネル戦略上、重要となる指標を網羅的に可視化するのです（図表2-7）。

　皆さんの理解をより深めるために、私が代表を務めるアジア新興国市場に特化したマーケティング会社のスパイダー・イニシアティブが実際に可視化のための調査をする際のサンプルスライドを紹介します。

　例えば、図表2-8、2-9は、主要競合の販売チャネルのストラクチャーを可

図表2-7 競争環境の可視化

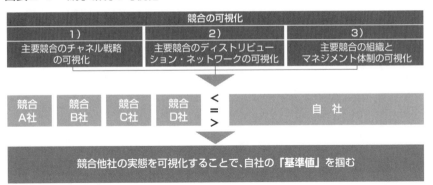

図表2-8 主要競合における販売チャネルのストラクチャー

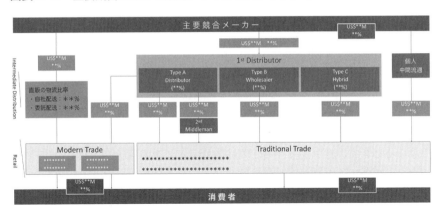

図表2-9 主要競合における直販とディストリビューター経由の区分

		A社	B社	C社	D社	E社	F社	G社
中間流通事業者数（一次）		＊＊＊社	＊＊＊社	＊＊＊社	＊＊＊社	＊＊＊社	＊＊＊社	＊＊＊社
直販との区分	商流区分	直販：外資＊ 中間流通経由：国内＊＊	直販：外資＊ 中間流通経由：国内＊＊	直販：外資＊ 中間流通経由：国内＊＊	直販：外資＊ 中間流通経由：国内＊＊	直販：外資＊ 中間流通経由：国内＊＊	直販：外資＊ 中間流通経由：国内＊＊	直販：外資＊ 中間流通経由：国内＊＊
	営業区分 （商流と比較した例外）	＊＊＊	＊＊＊	＊＊＊	＊＊＊	＊＊＊	＊＊＊	＊＊＊
一次中間流通事業者の属性	専属Distributorの有無	無し	＊＊＊社	＊＊＊社	＊＊＊社	＊＊＊社	＊＊＊社	＊＊＊社
	（専属DB以外で）同一カテゴリーの競争製品の取扱	併売の場合＊＊＊	同一カテゴリーの場合＊＊＊	併売の場合＊＊＊	併売の場合＊＊＊	併売の場合＊＊＊	併売の場合＊＊＊	併売の場合＊＊＊
	Distributorのカバーエリア	A地域で＊＊＊	エリア内＊＊＊	州単位＊＊＊	州単位＊＊＊	州単位＊＊＊	州単位＊＊＊	州単位＊＊＊
一次中間流通事業者営業員数		＊＊人	＊＊人	＊＊人	＊＊人	＊＊人	＊＊人	＊＊人
二次中間流通の使用実態		利用は＊＊＊	＊＊％程度	＊＊％程度	＊＊％程度	＊＊％程度	＊＊％程度	＊＊％程度

図表2-10　主要競合における取引条件別のディスカウント表

		A社		B社		C社		D社		-		-		-	
Trade Discount	Flat Discount	**%		**%		**%		**%		**%		**%		**%	
	Volume Discount	***	**%	***	**%	***	**%	***	**%	**	**%	***	**%	
	EDI/EOS Ordering	***	**%	***	**%	***	**%	***	**%			***	**%	
	Early Payment	***		***				**%						
	No Return Incentive	**%						**%						
Sales Promotion Discount	Promotion DS	***		***				**%						
Rebate	Total Sales Achievement	***	**%	***				**%		**%				

図表2-11　主要競合、ディストリビューター、小売それぞれのマージン構造

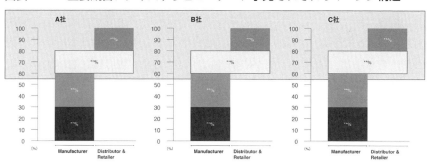

視化したものです。直販はもちろんのこと、ディストリビューター経由の販路に関しても、活用しているディストリビューターの数や属性、役割や取引条件、そしてマージンなどの全体像を把握することが可能です。

　また図表2-10は、主要競合の取引条件別のディスカウントに関してまとめたものです。どのような取引条件下ではどの程度の割引をしているのかなどの詳細を可視化していきます。

　そして図表2-11は、主要競合とそのディストリビューター、そして小売それぞれのマージン構造がどうなっているのかを可視化していきます。どのレイヤーがどれ位の利益を取っているのかを可視化していきます。

　主要競合のチャネル戦略の全体像を可視化することで、そもそも活用しているディストリビューターの数が少なすぎたということや、規模が大きすぎ

た、小さすぎた、また属性をいまいち理解していなかった、役割を明確にしていなかった、取引条件やマージンが悪すぎたなど、とても競争優位にたてるような状況ではないことが明らかになるケースは少なくありません。

▶主要競合のディストリビューション・ネットワークの可視化

　次に可視化すべきは、**主要競合のディストリビューション・ネットワーク**です。ディストリビューション・ネットワークとは、地域別に振り分けられたディストリビューターの集合体を指します。1次ディストリビューターの下には、2次、3次のディストリビューターがいるケースもあります。

　現地法人がある場合、基本的には近代小売は直販しますので、このディストリビューション・ネットワークは伝統小売側のネットワークを指しています。ASEANでシェアの高い企業は、近代小売はもちろんのこと、伝統小売におけるストア・カバレッジが圧倒的に高いのです。例えば、日本企業が数万のストア・カバレッジしかないのに対して、先進グローバル企業は数十万レベルのストア・カバレッジを持っています。この高いストア・カバレッジを作り上げているのがこのディストリビューション・ネットワークなのです。

　伝統小売の数は、人口密度と交通量に比例します。人口の多い地域や交通量の多い地域にはより多くの伝統小売が密集しています。ディストリビューション・ネットワークの多くも、その比率に合わせて振り分けられています。

　そして、ディストリビューション・ネットワークが構成するディストリビューターの数や規模は、先で解説したPG型とネスレリーバ型が全く異なる数と規模だったのと同じように各社様々です。それらを可視化していくのがディストリビューション・ネットワークの可視化です。

　具体的には、主要競合がどのような規模のディストリビューターを、何社活用し、それらはどのようにエリア配置されているのかなど、主要競合のディストリビューション・ネットワークの全体像を可視化します。また、主要なディストリビューターに関しては、企業情報（財務や営業など経営資源に関わる情報）を含め明らかにします。

　図表2-12のようにこのディストリビューション・ネットワークを視覚的に

図表2-12　ディストリビューション・ネットワークの視覚的な比較

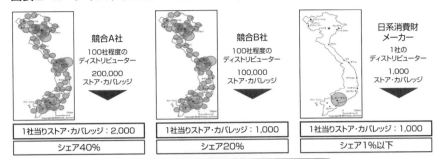

比較すると、自社のディストリビューション・ネットワークが十分なレベルに至っているのか否かが一目瞭然となります。

　この図は、ベトナム市場における主要競合A社とB社、そして日系消費財メーカーのディストリビューション・ネットワークを比較したものです。A社は100社のディストリビューターを活用し、20万のストア・カバレッジを持っています。1社当たりのストア・カバレッジは200店で、市場シェアは40％です。B社も100社のディストリビューターを活用していますが、10万店のストア・カバレッジしか持てていません。1社当たりのストア・カバレッジは100店で、市場シェアは20％です。

　そして、「日系消費財メーカー」としたものが多くの日系企業の例に当たります。近代小売に関しても、ホーチミンの1社ないしは、ハノイにもう1社程度で、多くは伝統小売に配荷するためのディストリビューション・ネットワークを持ち合わせていません。競合A社とB社は互いに切磋琢磨し市場における競争力を高め合っていると言えますが、残念ながら、日系企業の多くは、主要競合から競合としても見られていないということも少なくありません。

　特に、伝統小売が主導のVIPではこのディストリビューション・ネットワークの構築が肝となり、主要競合の実態を可視化すると、なぜ自分達のシェ

アが低いのかが一目瞭然になるケースがほとんどです。

▶ 主要競合の組織とマネジメント体制の可視化

そして、最後の3つ目が主要競合の組織とマネジメント体制の可視化です。日本企業の場合、この組織とマネジメント体制の可視化に関しては、正しく行っている企業は皆無と言っても過言ではないと思います。実は、先に解説した1：チャネル戦略の全体像や、2：ディストリビューション・ネットワークといった物理的なものは、どういった組織が、どのようなマネジメントを行うかで、動き方が大きく変わり、得られる成果も大きく変わるのです。したがって、いくら機能的な販売チャネルを物理的に構築しても、それを回す組織とマネジメント体制が正しくなければ、その販売チャネルのパフォーマンスは最大化されないのです。

例えば、主要競合については、近代小売の直販と伝統小売のディストリビューター経由それぞれどのような組織体制になっていて、その組織体制がどのように日々マネジメントされているのかを可視化するのです。各自の役割や責任、またKPI（Key Performance Indicator － 主要業績評価指標）が何で、それらを具値的に誰がどう管理しているのかなど、組織とマネジメントの体制を網羅的に可視化するのです。これにより、例えば、10万ストア・カバレッジを取るということは、どの程度のレベルの人員が、何人必要になり、どのような指標に対して、日々何をさせるのかが具体的になります。主要競合と比較すると、自分達の組織やマネジメントがいかに脆弱だったかを知ることができるのです（図表2-13）。

このように、主要競合の可視化は自分達が基準値を掴むためには大変有効な手段なのです。多くの日本企業は「前年対比でいくら取り組む」だとか、「過去これだけ取り組んできたので今後はこれだけ取り組む」とか、全て一人称で物事を捉え自分との戦いをしています。ある程度のシェアを持つ日本国内では自身との戦いで良い側面も多いかもしれませんが、一旦、海外、ことにASEAN市場に出て戦うということは、自分との戦い以上に競合との戦いになるのです。競合のシェアを1％奪えたから、自社のシェアが1％上が

図表2-13　組織とマネジメントの体制の可視化

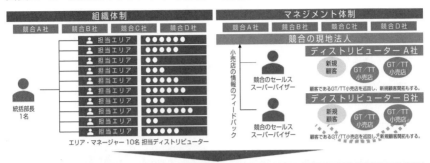

るのです。基準値が自社の前年対比では、市場における競争力を高めること
はできません。**重要なのは、主要競合を可視化し、自社の基準値を掴むこと**
なのです。

第**3**章

強固な販売チャネルの作り方

1　強固な販売チャネルに必要な３つのこと

▶ディストリビューターの選定を間違えると５年は無駄にする

　全体像を先に説明すると、強固な販売チャネルに必要な３つのことは、下記の通りです（図表3-1）。

1）ディストリビューターの発掘選定
2）ディストリビューターとの契約交渉
3）ディストリビューターの管理育成

　この３つが全て最適化されて初めて強固な販売チャネルは完成します。

　まず１つ目のディストリビューターの選定ですが、正しいディストリビューターの選定方法に関しては今後の項で解説するとして、ここでは、選定を間違えるとどのように時間を無駄にしていくのか、そしてそもそもどのようにしてディストリビューターの選定を間違えてしまうのかについて解説していきます。

図表３-１　強固な販売チャネルの構築に必要な３つのプロセス

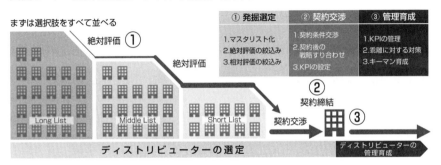

　皆さんに強く認識していただきたいのは、**ディストリビューターの選定を誤ると、少なくとも5年は無駄にする**ことになるということです。なぜなら日本企業は一度決めたことを直ぐに変えるという文化は持ち合わせていません。ある程度一緒に行って、どうしてもダメなら変更も検討しようという思考が働くのが普通です。また、全て結果だけで判断をすることも稀で、結果以上にプロセスを大事にする傾向も足を引っ張ります。

　さらには、ディストリビューターを変える必要があるという決定的な理由は一気には露呈しません。少しずつ露呈し、徐々に大きくなるのです。大きくなったころには、ずっとその問題と向き合ってきた現地駐在員だったり、担当者だったりが帰任、またはローテーションでいなくなり、新しい担当には問題点が引き継がれます。しかし、やはりディストリビューターを変更するという大きな決断を着任後即座にできるかというとそんなことはなく、しばらく様子を見るということになるので、またそこからだらだらと時間だけがすぎていくのです。これを繰り返すと、5年どころか10年スパンで時間を無駄にしているケースは少なくありません。

　では、そもそもなぜディストリビューターの選定を誤ってしまうのかですが、それは先述した「誰に売るかよりも、誰と売るか」を優先し、その「誰」を決める理由がディストリビューターの規模が大きいことであったり、有名ブランドを取り扱っていることであったりと、体裁ばかりを気にしているからです。

　ディストリビューターの規模が大きいことや、有名ブランドを取り扱っている実績は一見すると安心材料にはなりますが、それが本当に必要かと言えばそうではありません。規模が大きいということは、逆に言えば既に自分達より重要な取引先メーカーをたくさん抱えているということであり、その中でどれだけ自分達に注力してくれるかは未知数です。有名ブランドの取り扱い実績に関しても同様のことが言えます。

　本当に重要なことは、「**どのディストリビューターなら自分達が売りたいターゲットに売れるのか**」という1点なのです。それこそが唯一、ディストリビューターを選定すべき理由なのです。規模が大きいであったり、有名ブランドを取り扱っているであったりが無意味なこととは言いません。それら

も選定の上では重要なファクターです。しかし、自分達が売りたいターゲットに売れるのかということに比べたら、枝葉のことにすぎないのです。

▶ディストリビューターとの初期段階の取り組み方は10年尾を引く

　2つ目は、**ディストリビューターとの初期段階の取り組み方**にあります。初期の取り組み方が毎年の積み重ねとなり定着すると、その後のパワーバランスが決まり、ディストリビューターとの間で何かを変えよう、新しいことを始めようとした際になかなか変えることができなくなります。

　例えば、よくありがちなのは、既にディストリビューターとは数十年に及ぶ関係があり、当初はASEAN市場などさほど重要視していなかったので、ディストリビューター側からのアプローチで契約がスタートし、基本的に現地で売ることのほぼ全てはディストリビューターに任せ、マーケティング戦略には積極的に介在してこなかったというケースです。しかし、近年、ASEAN市場の重要度がますます高くなり、メーカーとしてもディストリビューターに任せっきりではなく、積極的にマーケティングに介在したいのですが、その新たなスタンスにディストリビューター側の抵抗が強いといったケースは少なくないのです。ディストリビューター側からしてみれば、急に何なんだという気持ちになるのは容易に理解できるかと思います。

　日本企業の場合は、先でもお話しした通り数年に一度のペースで繰り返される現地駐在員の帰任や担当変えがあり、新たな取り組みも尻切れとんぼとなっている経緯なども多々存在し、ディストリビューター側からするとさらにうんざりというケースも少なくありません。

　ディストリビューターとは、**初期段階にどれだけメーカー側のマーケティング戦略（売るための戦略）を共有できるか**が重要になってくるのです。メーカーが海外のことだから、ASEANのことだからといって売ることのほぼ全てをディストリビューターに委ねるなんてあってはならないことなのです。

▶ディストリビューターに任せて終わりではシェアは上がらない

　そして3つ目が、ディストリビューターに任せっきりで、後は結果指標の

確認だけで終わっているという問題です。この状態でもシェアはある一定までは上がりますが、それ以上は上がりません。なぜなら、**ディストリビューターとメーカーは、ある部分では同じ目的を共有しているわけですが、ある部分では利害が一致していないからです。**

　例えば、メーカーにとっては、売上やシェアは高ければ高いほど良いわけです。商品はより多くの店舗に並べたい、つまりはできる限りストア・カバレッジを伸ばしたいのがメーカーです。特に、消費財ともなれば近代小売だけでなく、伝統小売を含めたストア・カバレッジを上げたいはずです。しかし、ディストリビューター側からすると、ある一定のストア・カバレッジまで到達したら、それ以上にストア・カバレッジを伸ばす活動をしたがらなくなります。極端に言うと、効率の良い近代小売にフォーカスして、伝統小売はほどほどにしたいのです。なぜなら、ある一定のストア・カバレッジまでは現状の経営資源で到達できても、それ以上となると新たな投資が必要となり、売上はさらに伸びるものの、一定期間、利益率が悪くなるからです。

　それに対して、ディストリビューターの投資に見合うメーカー側のプロモーション投資を含む支援策が十分であれば、もちろん、ディストリビューターも同意しますが、それらの支援パッケージなしに、ただ今以上に経営資源を投下して行ってくださいというだけではなかなかディストリビューターも動きません。

　ディストリビューターは任せて終わりではなく、**同じ戦略とKPIを共有し、常に管理育成をしていかなければならない**とう概念を認識することと同時に、メーカー側は支援パッケージもしっかりと提示していかなければならないのです。

2　失敗しないディストリビューターの選定方法

▶ 選定は絶対評価と相対評価

　ディストリビューターの選定で一番重要なのは、絶対評価と相対評価の絞り込みです。ディストリビューターの選定を行う時は、自分達の手の届く範

囲（情報が集めやすい範囲）で、断片的にディストリビューターの情報を集めるのではなく、網羅的に、該当するインダストリーに存在する全てのディストリビューターをリストアップ（ロングリスト化）し、それを絶対評価と相対評価で徐々に細かく絞り込んでいく（ミドルリスト、ショートリスト化）プロセスが重要なのです（図表3-2）。断片的に集めたディストリビューターの中から候補を選ぶと、それはその候補の中でのベストな選択であり、全体を見た時に本当にベストな選択かはわからないのです。暫くしてからもっと良い候補の存在に気がついても、そうやすやすとディストリビューターを乗り換えるわけにはいきません。

　消費財のインダストリーで言えば、食品系に強かったり、飲料系に強かったり、はたまた日用品系に強かったりと大きくいくつかに別れますが、それら全てをロングリストとして集めても、ASEANであれば1カ国数十社程度です。最初にこのロングリストさえしっかりと押さえてしまえば、後々になって、もっと良い候補があったという状況にはなりませんので、最初に確実に取り組んでおくことをおすすめします。

　ロングリストが整ったら次はミドルリストの作成に向けて、絶対評価で不要なディストリビューターを消去していく作業です。例えば、自分達が菓子を売りたいのに、日用品が中心のディストリビューターは基本的には不向きです。

　また、数年で10億円程度を目標としているのに、現状の売上が数億円しか

図表3-2　ディストリビューターの発掘選定

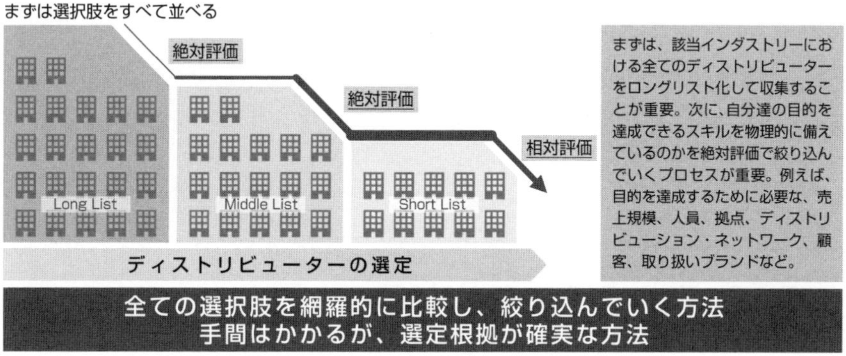

まずは選択肢をすべて並べる

絶対評価

絶対評価

相対評価

Long List

Middle List

Short List

ディストリビューターの選定

まずは、該当インダストリーにおける全てのディストリビューターをロングリスト化して収集することが重要。次に、自分達の目的を達成できるスキルを物理的に備えているのかを絶対評価で絞り込んでいくプロセスが重要。例えば、目的を達成するために必要な、売上規模、人員、拠点、ディストリビューション・ネットワーク、顧客、取り扱いブランドなど。

全ての選択肢を網羅的に比較し、絞り込んでいく方法
手間はかかるが、選定根拠が確実な方法

ないディストリビューターも不向きになります。なぜなら、現状で数億円の売上しかないディストリビューターでは、数年内に10億円のキャッシュを回せる資金力をつけるのは難しいからです。ただ、逆に、現状数百億円の売上があるディストリビューターが良いかというと、一概にそうとは限りません。なぜなら、売上数百億円あるディストリビューターには、長く太くおつき合いをしているメーカーが複数存在します。そのような状況下で、これから新規に取り扱うメーカーにどこまで労力をかけてくれるかは未知数だからです。

　これに関連して、セールスの数やトラックの数などデリバリーに関わる部分や、倉庫の数や、支店の数、サブディストリビューターの数など、ターゲットとしているエリアにおける必要な配荷力の有無も絶対評価の対象になります。

　そして何より重要なのは、自分達のターゲットに本当に売れるディストリビューターなのか否かです。もちろん、最終的なターゲットは消費者ですが、その消費者が買い物をする様々な小売に本当に売れるのかがディストリビューターを絶対評価する際の最も重要なポイントになります。これが先でも解説した「誰と売るかよりも、誰に売るか」の重要性です。

　ここでは売れるディストリビューターだけを絶対評価で残し、売れないディストリビューターを消去していくわけですが、残した売れるディストリビューターは皆一様に主要な小売とは長年にわたり良い関係を築いてきていると言います。本当に重要なのは、この「小売との良い関係」が具体的にどれほどのものなのかを可視化していく作業です。ターゲットとしている小売に売れると言っても、どのように売れるのかは皆同じではありません。どのレーンのどの場所に商品を陳列できるのか。どれ位のSKU陳列できるのか、それら陳列にかかる導入費用はいくらなのかなどを相対評価し、最も適したディストリビューターを最終的なショートリストとして絞り込んでいくことが重要なのです。

▶スキルセットよりもマインドセット

　前段で解説した内容は、いわゆるスキルセットの話でした。**スキルセット**

とは、自分達が売りたい小売に、売りたいように売れる物理的なスキルを備えているかということです。私は特に「提案力」「配荷力」「資金力」の3つのスキルを重要視します。

「提案力」とは、小売への提案力です。どれだけ効果的な提案が行え、それを小売に受け入れさせることができるかという力です。セールスの意味合いも含みます。「配荷力」というのは、まさにデリバリーをする力です。消費財だとモノによっては、近代小売はもちろんのこと、伝統小売含めた領域へのデリバリーの力も含みます。そして最後の「資金力」は、キャッシュを回す力です。大きな売上を上げようと思えば、それだけキャッシュが必要になります。ディストリビューターとしてどれだけのキャッシュを回す力があるのかを重要視します。

これら物理的なスキルがないと、精神論でどうこうするという話になってしまうので、自分達の目的を達成するために大前提として必要なスキルセットの有無を絶対評価で絞り込むことが重要なのです。それが完了して初めてマインドセットと相対評価の登場です。

マインドセットとは、ディストリビューターの考え方です。ディストリビューターの考え方とは、つまりはオーナー社長の考え方です。事業に対する考え方や、業界に対する考え方、将来に対する考え方、そして最も重要なのは、皆さんの商品の取り扱いに対する考え方や熱量です。食品や日用品のインダストリーで言えば、ディストリビューターの規模は大きくても年商数百億円程度ですので、こちら側も然るべき人が行けば、オーナー社長には会えます。そのオーナー社長がどのような人柄で、どのような考え方を持っていて、貴社の商品を取り扱うことにどれほどの熱量があるのかの3点を見れば、前段で精査したスキルセットがどの程度のパフォーマンスを発揮するのかがわかります。ディストリビューターの選定は、企業が目標とする売上を達成するための最低限のスキルセットが整っていれば、後はどれだけマインドセットが高いかが重要になります。どれだけスキルセットが高くても、マインドセットが低ければ高いパフォーマンスは発揮されません（図表3-3）。

また、忘れてはいけないのは、ディストリビューターのマインドセットを

図表3-3 スキルセットよりもマインドセット

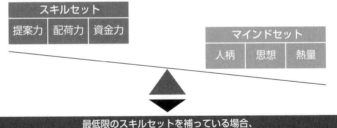

上げる努力も怠ってはいけないということです。一方的にこちらが考える商品の素晴らしさを押しつけるのではなく、その商品を売ることで、ディストリビューターやディストリビューターの地域社会が得られるメリットを与えなければなりません。このような努力を怠り、一方的に熱量だけ上げろというのは、一昔前の日本企業にはそれだけのプレゼンスはありましたが、現代ではなかなかハードルが高いのも事実です。

▶ 選定段階で戦略の擦り合わせを完了させる

　それでは、失敗しないディストリビューターの選定方法について説明します。それは、絞り込みのプロセスにおける戦略の擦り合わせに関してです。

　ロングリストからショートリストに絞り込む過程において、絶対評価と相対評価、そして、スキルセットとマインドセットを組み合わせ絞り込みをしていくわけですが、その際に、どれだけ実際の戦略ベースで話を詰められるかが、契約締結後のパフォーマンスに大きく影響します。平たく言うと、**良いなと思ったディストリビューターと契約してから戦略を擦り合わせるのではなく、契約締結前に戦略を擦り合わせ、互いの合意レベルにまで持って行くことが重要**なのです。なぜなら、この戦略の合意レベルがまさにスキルセットとマインドセットの合格点になるからです。スキルセットが至らない相手だと、擦り合わせの段階で、何が可能で何が不可能かがはっきりとみえて

図表3-4　ディストリビューターとの契約交渉

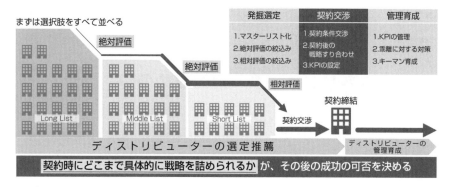

	発掘選定	契約交渉	管理育成
	1.マスターリスト化 2.絶対評価の絞込み 3.相対評価の絞込み	1.契約条件交渉 2.契約後の 　戦略すり合わせ 3.KPIの設定	1.KPIの管理 2.乖離に対する対策 3.キーマン育成

まずは選択肢をすべて並べる
絶対評価
絶対評価
相対評価

Long List　Middle List　Short List

ディストリビューターの選定推薦

契約締結

契約交渉

ディストリビューターの
管理育成

契約時にどこまで具体的に戦略を詰められるか が、その後の成功の可否を決める

きます。マインドセットが低い相手だと、擦り合わせの段階で、徐々にトーンダウンしていきます。契約締結後に不可能を知ったり、トーンダウンされたりすることほど時間の無駄はありません。私の長い支援人生の中でもそのような話はたくさん見てきました。だからこそ、ショートリストにまで絞り込んだ相手とは、契約締結前に戦略の擦り合わせをしっかり行っておくことをおすすめします（図表3-4）。

POINT ディストリビューターの選定は誰が行うべきなのか

　さて、この失敗しないディストリビューターの選定方法に関して、よくされる質問について触れておきたいと思います。それは、絞り込みの方法はわかったのだが、実際に取り組むとなったら誰が行ったら良いのかという質問です。

　私は、スキルセットの見極めは、我々のような専門家などに外注した方が、慣れない作業を社内で取り組むよりも質やスピード面で良いと考えています（もちろん、ここで私自身の営業をしているのではなく、外注は私でなくても、他のコンサルティングファームやシンクタンクでも構いません）。スキルセットの精査は単純にファクトなので、メーカー本人が介在するまでもない作業だと思います。しかし、マインドセットの部分や、相対評価、そして戦略の擦り合わせの部分は必ず自社で行うことをおすすめします。もし、社内に十分なノウハウがなければ、ノウハウが蓄積されるまで外部を使い共同で進めることをおすすめします。そうすれば、いずれ社内のリソースだけで十分に実施できるようになりますし、効率

を考え、外注を活用し続けた場合においても、最終的な判断のプロセスにおいて適切な選択が行えると思います。

3 ディストリビューターとの攻めの契約交渉

▶契約書における守りと攻めの側面

　ディストリビューターとのディストリビューション契約書には、守りの側面と攻めの側面があります。私は過去にたくさんの企業の契約書をレビューしてきましたが、日本企業のこれら契約書は、守りは完璧ですが、攻めが不十分なものが多くありました。

　守りというのは、例えば、守秘義務であったり、取引条件であったり、商標やブランドの取り扱いなど、相手のアクションによって受ける可能性のあるメーカー側の損失を最小限に抑える類の条項です。

　一方で、**攻めというのは、売上目標や店舗獲得目標など、相手のアクションによって得られるメーカー側の利益に繋がる類の条項**です。

　日本では、契約書に記載がなくともお互いの暗黙の了解や、空気感で物事がうまく回ることは多々ありますが、海外では契約書に書いてあることが全てです。それはASEAN6でも同様です。契約書以上でもなければ、以下でもありません。この感覚はしっかりと持たなければなりません。契約書に記載がなければ、それは相手のその時々の状況に合わせやりたいように物事が進むだけで、こちらの意図や戦略とは必ずしも一致しません。

　重要なのは、共通の目標数値の設定とその設定の契約書への明記です。仮にペナルティがなかったとしても、明記するかしないかは相手との共有目標を持ち続けるという意味では大変重要です。

▶非独占よりも独占契約を賢く使う

　もう少し具体的に契約書の攻めの部分について見ていきましょう。過去に私が見てきた中で最も多かったのが、「事実上、独占契約であるのに、何か

あったら困るので、一応、非独占契約にしている」契約書と、「現実的に契約開始から複数年に渡り契約をすることがわかっているのに、一応、何かあったら困るので、単年度契約にしておく」という契約書です。

　これらは両者とも完全に守りの発想です。独占や複数年契約を与えることで得られるメリットを最大化することよりも、事実上、独占や複数年契約にもかかわらず、契約書上は非独占、単年契約にしておくことで得られるほぼ起こり得ない、また起こっても容易に対処が可能な万が一への備えを重視しているのです。これはアップサイドの可能性を潰してしまうだけでなく、相手の協業への投資意欲を削いでしまう本当にもったいない方法です。この独占契約や複数年契約は、賢く使えば攻めるための大きな武器となるのです（図表3-5）。

　例えば、独占契約を与えるということは、売上目標に対してコミットメントをもらえることになります。最低売上目標もコミットしない相手にそもそも独占権など与える必要はないですし、コミットできる数字がない相手と契約すること自体、適切とは言えません。

　また、本来、売る前から彼らが売れる顧客や売れる地域というのはわかっているはずなので、彼らが売れない顧客や売れない地域にまで独占権を与える必要などないのです。それを欲しいというのであれば、それこそコミット

図表3-5　契約書における守りと攻め

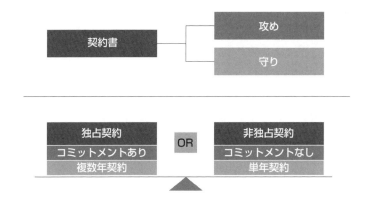

メントはより具体的に必要になるでしょう。

　契約年数に関しても同様です。コミットメントが達成され続ける限り、こちらとしてもディストリビューターを切り替える必要はないわけですから、複数年度で契約し続ければ良いのです。

　結局のところ、独占権と契約年数はセットで運用され、また、仮に独占権を複数年与えても、コミットメントが達成されなければ、こちら側の意思で、いつでも独占から非独占へ、複数年から単年度に契約を戻せることになるので、リスクを考えても何ら問題はなく、むしろアップサイドのメリットの方が大きいのです。

　ここで少しディストリビューター側の立場に立って考えてみましょう。例えば、日本人の感覚だと、自分がディストリビューターだったとして、メーカー側が、まずは非独占で単年度契約でスタートしたいと提案してきたら、「基本的には、契約書上の話であって、こちらがしっかり仕事をすれば、事実上は独占で、複数年度契約で進むだろう」と楽観的というのか、性善説というのか、ポジティブに捉えるかもしれません。しかし、冒頭でも説明した通り、ASEANの企業は契約書に書かれていることが全てです。それ以上でも以下でもありません。非独占で、単年度のメーカーの商品を売るのに、会社として本気で投資はしませんし、優秀なチームをあてがうこともしません。一昔前なら、それでも、日本メーカーの商品を正規に取り扱っているということ自体が1つの価値でしたので、引き受けてくれたかもしれません。しかし、今のASEAN6の主要なディストリビューターでは、そのようなことにはならずに、取り扱いしないと返答されてしまうでしょう。

　重要なのは、アップサイドのゲインを考えずに、ほぼ起こり得ないリスクに対して完全に防御を固めるのではなく、リスクを差し出しながら、アップサイドのゲインに挑戦し、ゲインにならなければ差し出したリスクを引っ込めるという、攻めと守りを上手に活用した戦い方をすることなのです。そしてそのことを明確に契約書に明記し、ディストリビューターを本気にさせることこそが上手な契約交渉なのです。

▶どのような組織体制でどう取り組むかを明確にする

　ダウンサイドのリスクとして差し出した独占権や複数年契約の代わりに得たアップサイドのゲインである目標数値のコミットメントを確実なものにするためには、ただ目標数値を決めてディストリビューターに任せて結果を待つのではなく、**契約締結前に、「どのような組織で」、「どのように実施するのか」を明確に合意する**ことをおすすめします（図表3-6）。

　目標数値達成の実現性は、どのような組織で、どのように実施するかで事前にある程度予測を立てることができます。例えば、10億円の売上を上げるためには、この10億円を誰に売ることによって構成するのかを算出する必要があります。例えば「主要近代小売10社のメイン棚に3SKU以上の商品導入と、伝統小売5万店における2SKU以上の商品導入が必須である」といった具合です。そうすると次は、この近代小売と伝統小売への商品導入をどのような組織体制で実施するのかを明らかにしていきます。現地法人があれば、近代小売に関しては、自社の現地法人が現地小売と本部商談するので、重要なのは伝統小売における組織体制です。

　5万店の伝統小売を、何人のセールスと何社のサブ・ディストリビューターで営むのかです。これが、例えば、3人のセールスと5社のサブ・ディストリビューター、各社2人のセールスで行うとなると、合計で13人のセールスで行うことになります。13人で5万店の伝統小売を1年で獲得ができるのかですが、5万店÷13人＝一人当たり年間3,846店舗の獲得が必要になり、年間の稼働日数が240日と仮定し、毎日16店舗の新規獲得が必要になります。

図表3-6　目標数値達成の実現性の検証

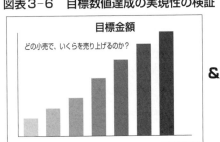
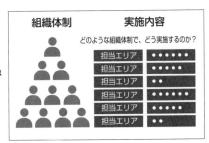

　１日16店舗の新規獲得は不可能な数字ではありませんが、240日継続するのは不可能でしょうし、既存店のフォローをしながら毎日16店の新規獲得も現実的ではありません。そうすると、組織が不十分なので、目標数値を達成するためには、もっと強い組織を準備する必要性に事前に気づけることになるのです。

　そして次は実施内容に関してですが、十分な組織体制であっても、その組織をどのように動かすかによって、目標達成の実現性は大きく変わってきます。例えば、伝統小売を５万店獲得するにしても、どの地域の、またどのクラスの伝統小売を獲得するかで、獲得効率や効果が大きく変わってきます。

　また新規の獲得と、獲得した既存のフォローをどのように実施するのか。伝統小売で目立つ場所を確保するためにどのような施策を実施するのか。伝統小売が積極的に顧客に商品をすすめてくれるためにどのような施策を実施するのかなど、詰めれば詰めるほど、目標数値の実現性は増していきます。

　最後に、まとめると、以下３つのことが重要です。

　１）目標を達成するための指標
　２）指標を実現するための組織体制
　３）組織のパフォーマンスを最大化する実施内容

　消費財の場合、目標達成のための**指標は常にストア・カバレッジ（間口）とセールス・パーストア（店舗当たりの売上）の獲得**です。これをどの程度獲得すれば目標数値に到達するのかを推計します。そしてその指標を実現するためにはどのような組織体制が必要なのかを考えなければなりません。正しい指標も間違った組織体制では効果を発揮しません。また、正しい組織も、その組織をどう動かすかによってパフォーマンスは大きく変わってきます。したがって、メーカーとしては、契約締結前にこの３つを明確にしておくことが、目標達成の実現性を高めるだけでなく、前線のマーケティング活動にしっかり介在し、市場の理解を深め、ディストリビューターに対してどのような支援ができるのかを真剣に考える機会にもなるのです。

4　ディストリビューターの管理育成なくして持続なし

▶コミュニケーションの量で時間を買う

　日本企業の多くは、ディストリビューターと無事契約が締結されると、後はディストリビューターに任せて終わりと考えています。そこまで極端に考えていなくとも、実際にはその後のアクションがそうなっている企業は少なくありません。まるで自分達は「作る人＝メーカー」で、「売る人＝ディストリビューター」といった具合です。もちろん、定期訪問や状況把握など最低限のことは行います。しかし、その手法は結果指標の追いかけにすぎず、売上は結果論でしかありません。重要なのは、契約締結後のディストリビューターの管理育成にあるのです。

　では、管理育成とは具体的にどういうことなのかについて解説していきます（図表3-7）。まず、「管理」に関してですが、これは前項で解説した通り、契約前に決めた目標を達成するための指標と、指標を達成させるための組織と、その組織のパフォーマンスを最大化させる実施内容が決めた通り動いているかを互いに管理し合う行為を指しています。つまりは、**KPIの管理**です。

　管理というと、何か非常に窮屈な印象がありますが、これは決してディス

図表3-7　ディストリビューターの管理育成

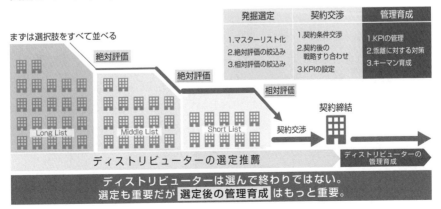

トリビューターの行動を管理したり、彼らに余計な報告作業をさせたりする類のものではなく、両者が契約前に決めた約束事、中でもKPIがしっかり維持できているかをモニタリングすることを指しています。消費財メーカーの場合、売上目標を達成するために設定したストア・カバレッジとセールス・パーストアが計画通り進捗しているか否かの1点と言っても過言ではありません。ここが計画通りに進めば目標は達成されますし、進まなければ達成されないので、なぜ達成されないのか、どこにボトルネックがあるのか、それはどうすれば改善できるのかをディストリビューターと一緒になって考え改善させることが重要なのです。

私の経験上、それ以上のことをメーカーが管理すると、本来やるべきことがぼやけてきますし、管理される側も窮屈に感じ結果的に上手くいきません。とにかくストア・カバレッジとセールス・パーストアに集中すべきでしょう。

そして、「育成」というのは、キーマンの育成です。結局のところ、ディストリビューターの社長の皆さんの商品に対する取り扱い意欲がまずは絶対的な存在としてあって、しかし、そこが仮に高かったとしても、それを売上に繋げるのは指標や組織、そして実行するキーマンを含めた戦略になるので、このキーマンは常に育成をしていく必要があります。定期的な研修による商品知識の向上や、営業スキルの向上はもちろんのこと、金銭的なインセンティブ制度や、メーカーのフィロソフィーに対する共感も高めることによって、一人でも多くのキーマンをディストリビューターの中に育てていくことが大変重要になります。

多くの場合、これから始める日本メーカーよりもはるか以前に欧米メーカーなどの商品を取り扱っています。彼らにとっては、これから始まる商品よりも、長年扱っている既存商品の方が親しみやすいのは当然です。また欧米メーカーの管理育成のスキルは高く、普通にしていたらキーマンは全て欧米メーカーに取られてしまいます。一人でも多くの人に興味を持ってもらうためには、この育成への投資は非常に大切なのです。

ここまでをまとめると、この管理育成を上手に行うためには、下記の2点が非常に重要です。

1）管理はシンプルに

　→ストア・カバレッジとセールス・パーストアの管理に集中する。

2）育成は丁寧に

　→製品や営業研修だけでなく、インセンティブやフィロソフィーの共有にも力を入れる。

　そして、それを実行する上で心がけることが1つあります。それは、**ディストリビューターの各レイヤーとのコミュニケーションの量を最大化する**ことです。これを行わなければ上記2点をいくら上手に行ったつもりでも、持続的な効果には繋がりません。

　図表3-8は、私が代表を務めるアジア新興国市場に特化したマーケティング会社のスパイダー・イニシアティブとディストリビューター間のコミュニケーションラインです。社長の私を含め、プロジェクト責任者からローカルスタッフまで、それぞれの担当ラインでディストリビューターの全レイヤーをカバーし、コミュニケーションを日常的に取っています。日常的に取るコミュニケーションなので、ローカルスタッフを除いては、電話とチャットです。メールなど時差のあるツールよりも、メッセンジャーアプリなど、時差がなく、スマートフォンにダイレクトに届くコミュニケーションツールを使っています。国別に全てのメッセンジャーアプリをダウンロードしていますし、相手の国の商習慣に合わせ、電話、テレビ電話、チャットを使い分けています。これらのオンラインコミュニケーションを日常的に続けると、実際にリアルで会った時も、何か普段から会っているような空気に変わり、何倍も効率良くコミュニケーションを取ることが可能になります。コミュニケーションの量は、ディストリビューターがおつき合いしている他のどのメーカーにも負けていない自負があります。

　そもそも考えてみれば、20年おつき合いしている相手でも、20年間密におつき合いしていた相手と、そうでない相手では、同じ20年でも関係性は全く異なります。むしろ、出会ったのは5年前だが、そこから今に至るまで密なコミュニケーションを取っている方が、よっぽど近い関係になるわけです。

図表3-8　スパイダー・イニシアティブ社とディストリビューター間のコミュニケーションライン

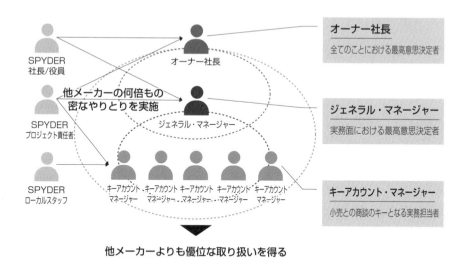

コミュニケーションとは、**時間**ではなく、**密度**なのです。他のメーカーより
も後発のおつき合いなのであれば、コミュニケーションの量を最大化し、時
間の差を埋めることで、短期間で誰よりも親しくなるということが、特に管
理育成をする過程では重要になるのです。意気投合していない相手に管理育
成されるのと、意気投合している相手に管理育成されるのでは、その効果は
天と地です。

　少し昭和を感じる話をしましたが、ASEAN6のディストリビューターの
実態は、まだまだ昭和を感じる側面が多く残っていることも理解しなければ
ならないのです。

▶問題察知力と解決力なくして管理なし

　さて、ディストリビューターの管理において、決めるべきことを決め、や
るべきことをやり、いざビジネスが動いていくと、次に重要になるのが**問題**
を察知する能力と、**察知した問題を解決する能力**です。なぜなら、問題は必
ず起こるからです。

　まずは問題を察知する能力に関してですが、基本的には、最前線の現場で問題が起こっても、ディストリビューターからメーカーに伝わるのは、問題がだいぶ進行してからです。まず最前線の現場は、その問題が抱えきれなくなるまでなんとか自分で解決しようとします。そして、抱えきれなくなって初めて上司へ報告され、その上司も同じように解決を試み、抱えきれなくったらそのまた上司へと問題が共有されていきます。したがって、ディストリビューターとして問題を認識するのはそれなりに後の話になります。ディストリビューターとして認識をした後も、できればメーカーには伝えずに、ディストリビューター側でなんとか解決する方法を模索します。この時点で、問題発生から四半期程度は経過することになります。四半期経過すると、問題が当月の数字に現れるようになります。ここで初めて、メーカー側が問題の存在に気がつくことになるのです。その後、メーカーとして問題の確認などを行っていると、さらに四半期程度が経過することになります。そこから改善策を模索し、実行に移すまでを考えると、さらに四半期が追加され、年の4分の3が過ぎてしまいます。

　もちろん、様々な問題が各レイヤーで解決されれば、メーカーが問題を認識することもないですし、無駄に時間が経過することもありません。しかし、私の経験上、数年に一度は必ずこのようなメーカーにまで到達する問題が起こります。その時、後手にならないためにもこの問題を早く察知する能力を持つ必要があるのです。しかし、これは常に現場に足を運び、問題が起きてないかに気を配れといったような精神論的な話をしているのではなく、次の2つのことをしておくことをおすすめしています。

　1）問題の切り分け
　2）KPIの構成要素の分解

　1）の問題の切り分けとは、重要な問題とそうでない問題の切り分けです。即座に察知し解決すべき問題は、KPIに関わる問題だけです。このKPIに関わる問題と、それ以外の問題を明確に切り分け、前者に対する察知力を高める必要があります。

　そして、この察知力も現場に出ろ、感性を磨けといった話ではなく、KPIを構成している要素をあらかじめ分解しておくことで、数日の数字の変化で要因を特定できるような仕組みにしておくべきであるということなのです。

　例えば、食品、日用品等の消費財のKPIは、常にストア・カバレッジとセールス・パーストアであり、仮にストア・カバレッジが上がらなくなり始めたら、ストア・カバレッジを上げるための構成要素、つまりは訪問数に着目するのです。訪問数が減ってしまうとストア・カバレッジのコンバージョンは減ります。したがって、問題の要因は訪問数であり、なぜ訪問数が減っているのかを特定し、そこを改善すれば良いのです。

　次に問題の解決力ですが、やはり発生した問題をメーカーが解決できなければ、本当の意味でディストリビューターのリスペクトは得られないので、ディストリビューターを管理するということは難しくなります。しかし、これも切り分けで、別にKPIに直結しない問題をメーカーが解決する必要もなく、そこはディストリビューター主導で解決させたら良いのです。メーカーは、根幹となるKPIに直結する問題だけにフォーカスすれば良いのです。この問題は、現地市場に対する理解力以上に、客観的に問題を可視化し、科学的に改善策を提示・実行できるかの力が重要なので、現地企業ではなく日本企業でも十分に成せる領域なのです。それを現地のことだから現地企業であるディストリビューター主導の方が良いのではといった考え方では、管理も育成もできないということについて改めて認識を持つ必要があると思います。

▶ 精神論より物質的なインセンティブ

　日本では成果に応じたインセンティブというものに対して、まだまだネガティブなイメージが強く、設定自体がなかったり、あってもさほど差が出ない設定が日本のインセンティブの主流かと思います。しかし、ASEAN6では、このインセンティブを賢く活用することをおすすめします。

　給料が変わらないのに、会社のために死ぬほど働くのは昭和生まれの日本人だけだということを改めて認識する必要があります。日本でもミレニアル世代やZ世代を中心にそういったかつての価値観はなくなりかけているのに、

ASEAN6ではなおのこと個人の経済的なメリットを成果に応じたインセンティブでしっかり見出してあげないと、パフォーマンスは最大化されません。

　特に、KPIを向上させる部分にインセンティブを設定することが効果的です。例えば、ストア・カバレッジやインストア・シェア（店舗の売上高、販売数量のうち、自社商品が占める割合）を上げることへのインセンティブです。実際に、同じ業界でシェアの高い企業を見てみると、そこには必ずインセンティブの制度が設定されています。多くの場合、会社としてのディストリビューターに対するインセンティブと、その会社の中で、実際に数字を上げるセールス個人に対する2種類のインセンティブが設定されています。そしてこのインセンティブも決して高すぎず、低すぎず、絶妙なラインに設定されています。弊社のクライアントでも、こういった主要競合のインセンティブ制度を調査で可視化し、それに習って自社独自のインセンティブ制度を一緒に作った事例はいくつもあります。その結果、やはり目に見えて効果が出ています。

5　伝統小売のデジタル武装で変わる今後の市場

▶伝統小売は近代小売に取って代わられるのか

　さて、ここからは少し未来のお話をしたいと思います。よくいただく質問で「いずれ伝統小売は淘汰され、近代小売だけが生き残るので、今、わざわざ労力のかかる伝統小売の攻略を考えずとも、小売の主流が近代小売になるまで待てば良いのではないか？」というものがあります。

　私の答えは「ノー」です。理由は2つあります。1つ目の理由は、**伝統小売が近代小売に取って代わられるまでには少なくとも数十年の時間が必要になる**からです。

　そして2つ目は、**伝統小売は淘汰されずにデジタル武装により、より強固な伝統小売に生まれ変わる**からです。

　それぞれの理由を詳しく解説します。まず1つ目の「伝統小売が近代小売に取って代わられるまでには少なくとも数十年の時間が必要になる」ことに

関してです。日本の小売流通の近代化を見てきた人達は、かつて日本も伝統小売だらけだったものが、急激に近代化し、伝統小売が淘汰された世界を目の当たりにしているので、ASEAN市場もきっとそうなると考えるのは自然なことです。しかし、少し俯瞰して見るとそうではないことが理解できます。

　小売は、小売単体で近代化することはできません。小売は、他のインフラが近代化して初めて近代化できるのです。例えば、道路や公共交通機関、水道、電気、ガス、通信システムなどはその最たるものです。これらのインフラが近代化し、大量の商品を早く配送し、それらをシステムで管理・決済することが可能となって初めて小売も近代化できるのです。日本の急激な小売の近代化の背景にあったのは、世界でも例を見ない高度経済成長に支えられたこれらインフラの近代化だったのです。日本全国に高速道路が行き渡り、地方に至るまで津々浦々アスファルトの道路が整備され、渋滞は極限まで解消されています。

　また、コンビニエンスストアという業態が米国から輸入され、それが日本人の生活と合致したということも小売の近代化に大きく貢献したことは間違いないでしょう。

　一方で、ASEANはどうでしょうか。特に成長著しいVIPの都市では、朝から晩まで毎日渋滞が続き、地方に行けば道路の整備がまだまだ不十分な箇所も多々あります。雨が降れば道路は水で溢れ、水が引くまで通れない交差点も少なくありません。冷凍冷蔵物流も日本に比べたら成長過程です。

　各国の都市計画などを見ても、日本の高度経済成長期と比べると、その速度や規模は緩やかで、範囲も都市部に限定されています。つまり、小売の近代化にとって重要なこれらインフラの整備には、少なくとも数十年の時間を要するということになります。日本のように急激に伝統小売が近代小売に取って代わられるようなことはないということです。まだまだ8割が伝統小売の市場であるVIPで今後数十年にわたり近代小売だけのビジネスをしていたのでは、伝統小売が淘汰される前に、自身が市場から淘汰されることになるでしょう。

▶コンビニエンスストアよりもコンビニエントなデジタル伝統小売

　そして2つ目の「伝統小売は淘汰されずにデジタル武装により、より強固な伝統小売に生まれ変わる」に関してですが、伝統小売の未来を語る時にもやはり外してはいけないのはデジタライゼーションです。従来の未来予測では、時間は要するがいずれ伝統小売は淘汰され、特にコンビニエンスストア形態の近代小売が伝統小売に取って代わるというものでした。しかし、昨今のデジタライゼーションを考えると、そう単純なものではない様相が見えてきます。

　問題は、本当に伝統小売がコンビニエンスストアに変わるのかということです。コンビニエンスストアは確かに綺麗だし、便利です。しかし、想像してみてください。伝統小売の外観が多少綺麗になり、内面がデジタル化されたらどうでしょうか。消費者にとってはコンビニエンスストアよりも距離が近く、手軽に買い物ができ、コンビニエンスストア同様にキャッシュレスで決済可能になります。これはむしろコンビニエンスストアよりも便利です。

　伝統小売の店主からしても、今まで電話やチャットで担当営業に注文していた商品が、スマートフォン上のアプリで24時間いつでも注文でき、決済もスマートフォン上で可能になります。納品も、ディストリビューターの未熟な担当営業だと数日〜1週間程かかってやっと納品されていたのが、翌日か翌々日には納品されます。また、今まで感覚値で行っていた注文管理や売れ筋の把握もデータでできるようになり、より効率的な経営が可能になります。

　そしてディストリビューターからすると、今まで担当営業が電話やチャットで受けていた注文が一元管理でき、これまた感覚値で行っていた店別注文状況の把握はデータで確実にできるようになります。そして何よりのメリットは商品の配達と同時に行っていた現金での代金回収がなくなることです。これがなくなるだけで多くのコストをカットできます。その分を小売に割引で還元することも、自分達の利益にすることも可能になります。

　もちろん、メーカーにとっても同様です。常にリアルタイムでどの地域の、どの小売で何が、いくつ売れているのかのデータを把握し、戦略に活かすことが可能になるのです。

　さらに、行政からしても今まで回収が不可能だった税金の徴収が可能になります。そして多くの雇用を維持することにも貢献します。ASEANでは、日本のように必ずしも会社勤めが主流な働き方ではありません。各々が小さなビジネスを営みながら生活をしている社会も大きく存在しています。数十万店から数百万店の伝統小売が淘汰されるということは、これら雇用が失われるということです。それは行政の運営にとっても良い結果を招きません。

　つまりは、消費者にとっても、伝統小売にとっても、ディストリビューターにとっても、メーカーにとっても、そして行政にとっても伝統小売のデジタライゼーションは良いこと尽くしであるということなのです。

▶ デジタライゼーションした世界では中央集権型よりも分散型が発展する可能性

　今までは、伝統小売がコンビニエンスストア化するという議論しかなされて来ませんでしたが、昨今のデジタルシフトの流れも相まって、テクノロジーで伝統小売がデジタル武装するという新たな選択肢も見えてきています。事実、徐々にではありますが、VIPでは数万店、数十万店レベルで伝統小売がテクノロジー企業のサービスを利用しデジタル武装し始めています。

　デジタライゼーションした世界では、コンビニエンスストアという中央集権型のビジネスはもはや旧態依然としたビジネスなのかもしれません。今までは、フランチャイザーという本部が全てを決め、小売店のオーナーであるフランチャイジーを管理し、小売店のオーナーはその管理の下でビジネスを行って来ました。しかし今後は、**小売そのものがデジタル武装することで本部を必要としない、分散型の新しい構造が共存する可能性**も考えておかなければなりません。個々の小売店が、より自由にビジネスができる分散型の小売の方がASEANの国々の国民性を考えても合っているかもしれません。特に、ASEAN市場は、日本と比べ既存の方法から新たな方法に変えることに対するしがらみが少ないので、新たな方法がより合理的だと判断されれば、それを受け入れやすい環境にあります。したがって、デジタライゼーションによってどんどん合理的な方法に変化していきやすいのです。

　いずれの未来においても、今、ASEANの伝統小売の攻略に本気になることはメーカーにとってマイナスにはなりません。むしろ、そのナレッジやノウハウは、ASEANの後ろに控えているメコン経済圏や、インド、南米、アフリカといった他の新興国市場の攻略にも十分役に立つでしょう。

6　Eコマースの浸透で変わる今後の市場

▶ASEAN6におけるEコマースの現状

　ASEAN6は、Eコマース（電子商取引：EC）の成長が急速に進んでいます。特にパンデミックの影響により、オンライン販売が加速し、EC市場はますます重要性を増しています。米Amazon（アマゾン）や中Alibaba（アリババ）などのグローバルECプラットフォームに加えて、Shopee（ショッピー）や、LAZADA（ラザダ）、Qoo10（キューテン）、Tokopedia（トコペディア）やBukalapak（ブカラパック）、Zalora（ザローラ）など、ASEAN地場のECプラットフォームが台頭しています。

　Shopeeは、シンガポールのEコマース企業で、ASEAN地域で最も人気の高いEコマースサイトの1つで、ASEAN6全ての国でサービスを提供しています。

　LAZADAもシンガポールのEコマース企業で、ASEAN地域で人気が高く、Shopee同様にASEAN6全ての国でサービスを提供しています。

　Qoo10もシンガポールでは人気です。

　Tokopediaは、インドネシアのEコマース企業で、同国内で最も人気が高いオンラインショッピングサイトです。

　BukalapakもインドネシアのEコマース企業で、主に中小企業向けのオンライン商取引を促進するためのオンラインプラットフォームです。

　Zaloraは、ASEAN地域で最も人気があるファッションEコマースサイトの1つで、ASEAN6全ての国でサービスを提供しています。

　Eコマースに関しては、ASEAN内でのクロスボーダーコマースも拡大しています。さらに、ASEANと中国、日本、韓国などのアジア諸国との間で

のクロスボーダーコマースも増加しています。

　Google、Bain & Company、Temasek Holdingsの共同調査によると、2022年のASEAN6のEコマース市場規模は図表3-9の通りです。インドネシアが最も市場規模が大きく8兆円。次いで、タイの3兆円。マレーシア、ベトナム、フィリピンがそれぞれ1.9兆円。そして最後がシンガポールで1.1兆円です。ASEAN6を合わせるとその市場規模は17.8兆円で、日本のEコマース市場規模20.7兆円に迫る勢いです。

　またこれら共同調査によると、2025年にはASEAN6のEコマース市場規模は29兆円を超えると予測されています。

　では次に、ASEAN6のEC化率を見てみましょう。まず1つ重要なのは、パンデミック前とパンデミック後でどのような変化があるのかということです。まず、パンデミック前の2019年のデータを見てみましょう。パンデミック前のASEAN6のEC化率は、最も進んでいるのがインドネシアで10.1％です。次がシンガポールで9.3％。3番手はマレーシアで6.4％。4番手はタイで6.2％。5番手はベトナムで4.5％。そして最後がフィリピンで2.7％でした。

　そしてこれがパンデミック後の2022年にはどう変わったのかを見ていきま

図表3-9　ASEAN6のEコマース市場規模（2022年）

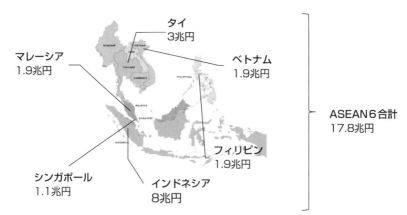

注：US1ドル＝136円で換算。
出所：Asia; Google; Temasek Holdings; Bain & Company; 2022; excluding online media and travel salesのデータを元にスパイダー・イニシアティブにて作成。

しょう。まず最も EC 化率が高かったのは同じくインドネシアでなんと約3倍の31.0%。2番手はタイに変わり19.1%。2019年比で3倍以上です。そして3番手がシンガポールで16.4%。2019年比で2倍弱です。4番手はベトナムで12.3%。2019年比で約3倍。そして5番手はマレーシアで11.7%。2019年比で2倍弱。最後6番手が同じくフィリピンで7.6%。2019年比で3倍弱です。

　つまりは、このパンデミックを機に、ASEAN6のEC化率は2倍から3倍に伸びているのです。そして注目すべきは、パンデミックが明けた今、今後のASEAN6のEC化率がどう変化するのかということです。大方の予測では、この高いEC化率は維持されるということになっています。私もそう思います。一旦は、成長率こそ鈍化するものの、一定の割合でEC化率は維持されると思います。パンデミックがASEAN6におけるEC化率を加速させたことは間違いありません。

図表3-10　ASEAN6の小売市場に占めるEコマースの割合

	2019	2020	2021	2022	2023	2024	2025	2026	2027
ベトナム	4.5%	7.3%	10.9%	12.3%	13.6%	15.0%	16.4%	17.8%	19.3%
インドネシア	10.1%	19.8%	26.9%	31.0%	33.2%	34.0%	33.8%	33.4%	33.2%
マレーシア	6.4%	9.7%	11.4%	11.7%	12.4%	13.2%	14.1%	15.0%	15.9%
フィリピン	2.7%	4.4%	6.4%	7.6%	8.7%	9.9%	11.0%	12.0%	12.9%
シンガポール	9.3%	15.3%	16.4%	16.4%	17.3%	18.4%	19.4%	20.4%	21.2%
タイ	6.2%	11.2%	19.2%	19.1%	20.9%	22.6%	24.3%	26.3%	28.5%

出所：Euromonitor のデータを元にスパイダー・イニシアティブにて作成。

　しかし、一方で、EC化率を商品カテゴリーで見ていくと、まだまだ偏りが大きく、何がECで買われていて、何が買われていないのかの把握は重要です。EC化率が高いと思いきや、実際には自分達の商品のEC化率は低かったなどということは往々にしてあるので、いかに商品カテゴリーで見るかということもまたもう1つの観点として重要になります。

　間違いなく言えることは、ASEAN6のEコマース市場規模は拡大の一途を辿っており、今後もこの流れは当面続くということ。そして、それに伴い

EC化率も上がっていくでしょう。ただし、これは商品カテゴリーによって大きな差があり、本書の読者の多くが属するであろう食品や日用品カテゴリーも同様にEC化率が上がっていくかには注視が必要です。例えば、日本でも、EC化率の平均は8.7％ですが、食品カテゴリーだけを見るとわずか3.8％です。一方で、生活家電やAV機器、PC、周辺機器のカテゴリーは38％あり、生活雑貨、家具、インテリアなどは28％あります。そしてアパレルは21％です。

ASEAN6では、パンデミックでオンラインの需要が増加したことから、その利便性が評価され、今までよりも早いスピードでEC化率は上昇するでしょう。しかし、これからは、全体としてのEC化率よりも、より詳細な商品カテゴリー別のEC化率に注視をしていく必要があるのです。

▶ シェアリングエコノミーが物流課題を解決する

ASEAN、特にVIPのEC化率の拡大に関しては10年以上前から注目されていましたが、当時の想定通りの早いスピードでは伸びませんでした。特に、FMCG（Fast Moving Consumer Goods – 日用消費財）を中心とした消費財でのEC化率は先でご説明した通りまだまだ低い状況です。理由はいくつか存在しますが、最も大きな理由はデリバリー（配送）です。ECサイト自体はインターネット上のことなので、VIPだろうがどこだろうが簡単に進化します。しかし、買ったモノをどう消費者に届けるのかという問題がASEANには残るのです。

例えば、日本で言うところのヤマト運輸や佐川急便のような規模で展開する便利な宅配会社はありません。郵便局はありますが、日本ほど気の利いたサービスもありません。したがって、ECで買っても、買ったものが直ぐには届かないわけです。だったらお店に買いに行くというのが消費者心理です。

また、仮に配達ができても、不在時に、日本のようにマンションのコンシェルジュが代わって受け取りをしてくれたり、宅配ボックスが用意されているなどという状況ではありません。不在だからと言って玄関前に置こうものなら、数時間もしない内に商品は盗まれるでしょう。さらには、そもそも住所がはっきりしていない、相当にわかりにくいような地域も多々あるのです。

　デリバリーにおいては、日本では当たり前に整っているインフラが整っていないので、過去10年以上に渡りVIPにおけるECは、これらデリバリーに関する問題にかなり足を引っ張られたというのが実情です。しかし、次の10年におけるEC化率は格段に向上するでしょう。なぜなら、GrabやGojekなどの配車アプリが急速に浸透し、彼らがECのデリバリーを担うという可能性が出てきたからです。既に、一部では始まっています。配車というと日本では車を指しますが、VIPではバイクが中心です。渋滞知らずのバイクが人を配車し、モノも配達する。とても合理的な組み合わせです。

　配送は配送会社が行うものという我々の常識を打ち砕き、シェアリングエコノミーによる新たな配送で、これからのVIP、特に都市部のEC化率は劇的に向上するでしょう。また同時に、住宅事情も徐々に改善されるでしょうが、それを待たずとも、従来のコンビニエンスストアが、荷物の受け取りからラストワンマイルの宅配までを担い、伝統小売と共存する世界が訪れると私は考えています。コンビニエンスストアと伝統小売は競合するのではなく、共存していくのがこれからの新たな姿であると思います。

▶オフラインとオンラインが融合した世界

　ここ十年、デジタライゼーションの波はASEAN市場でも特に大きなものになっています。その必要性は、パンデミックでさらに明確なものになりました。コロナ後の世界においても、その勢いは衰えることはないでしょう。また、デジタライゼーションにおいては、必ずしも先進国が常にリードするとは限りません。既存の社会インフラが整備されていない新興国で、最新の技術を活用したデジタルサービスが、先進国が歩んできた道のりを飛び越えて一気に広まること（リープフロッグ型の発展）も多々あります。事実、多くの新興国において固定電話の普及を待たずに携帯電話やスマートフォンが急速に普及しましたし、現金を使わないスマートフォンによる決済は日本よりもずっと早く浸透しています。

　今後、これらデジタライゼーションが、モノの売り方を劇的に変えていくことになります。こんなことを言うと、オフラインの流通が淘汰され、全て

ECに変わるのではないかと想像しがちですが、そうではありません。確かに、中国のダントツに高い50％を超えるEC化率と比較すると、ASEANは先で解説した通りなので、今後さらにEC化率は高まっていくでしょう。しかし、我々の存在がリアルである限り、オンライン流通がオフライン流通に取って代わることはありません。EC化率がある程度まで伸びると、その後は共存していくことになります。買い手から見たら、オンラインで買う、オフラインで買うという選択は、単に今、置かれている状況から見てどちらが便利かというだけの話であって、常にどちらか一方である必要はないのです。今、喉を潤したければ、目の前のコンビニエンスストアで飲み物を買うし、今週末のパーティーで使う1ケース分の飲み物が欲しければ、配達してくれるECで買うというだけの話で、売り手ほどオンかオフかは意識していないのが現状です。だからこそ、**かつてのO2O（Online to Offline）やオムニチャネルなどの概念からOMO（Online Merges with Offline）という新たな概念に変わりマーケティング活動が行われている**のです。

1）O2O（Online to Offline）：インターネットというオンラインから、店舗というオフラインに消費者を呼び込むマーケティング活動。

2）オムニチャネル：オンライン、オフラインを問わず、あらゆる販売経路で顧客との接点を持ち、情報が一元管理され一貫性のあるサービスを提供するマーケティング活動。

3）OMO（Online Merges with Offline）：オンラインとオフラインは融合しているという概念で繰り広げられるマーケティング活動。

したがって、現在のASEAN市場においては、常にOMOの概念を持たなければマーケティング活動で高い成果を出すことはできません。今まで以上に買い手である消費者の視点から市場を見て様々な判断をしていく必要があるのです。

第II部

販売チャネル戦略（1）
VIP編

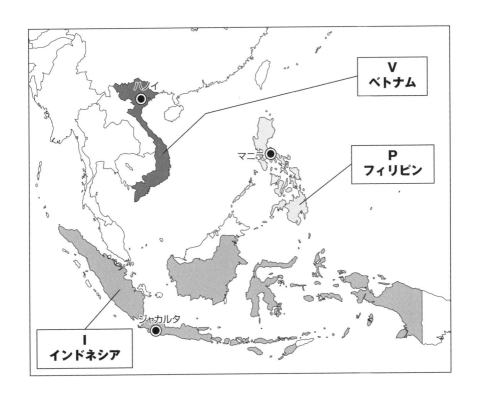

V
ベトナム

ハノイ

P
フィリピン

マニラ

ジャカルタ

I
インドネシア

第4章

ベトナム

1 基本情報

▶一般情報

面積：32万9,241平方キロメートル

人口：約9,762万人（2020年越統計総局）

首都：ハノイ

民族：キン族（越人）約86％、他に53の少数民族

言語：ベトナム語

宗教：仏教、キリスト教（カトリック）、カオダイ教他

▶政治体制

政体：社会主義共和国

元首：ヴォー・ヴァン・トゥオン国家主席

政権党：共産党（唯一の合法政党）党首グエン・フー・チョン党書記長

国会（ヴオン・ディン・フエ議長）：一院制（定数500名）、任期5年

政府：1）首相：ファム・ミン・チン

　　　2）外相：ブイ・タイン・ソン

▶経済

主要産業：農林水産業（GDPに占める割合14.85％）、鉱工業・建築業（同
　　　　　33.72％）、サービス業（同41.63％）

GDP（2020年IMF推計値）：約3,406億米ドル（7,972兆ドン）

一人当たりGDP（2020年IMF推計値）：3,498米ドル（8,190万ドン）

経済成長率（2020年、年平均、越統計総局）：2.91％

物価上昇率（2020年、年平均、越統計総局）：3.23％

失業率（2020年越統計総局）：2.26％（都市部：3.61％、農村部：1.59％）

貿易額（2020年越税関総局）：1）輸出：2,827億ドル（対前年比7.0％増）

　　　　　　　　　　　　　　　2）輸入：2,627億ドル（対前年比3.7％増）

貿易品目（2020年越税関総局）：

　　1）輸出：繊維・縫製品、携帯電話・同部品、PC・電子機器・同部品、
　　　　　　　履物、機械設備・同部品等

　　2）輸入：機械設備・同部品、PC・電子機器・同部品、繊維・縫製品、
　　　　　　　鉄鋼、携帯電話・同部品等

貿易相手国（2020年越税関総局）：

　　1）輸出：米国、中国、日本、韓国、香港

　　2）輸入：中国、韓国、日本、台湾、米国

通貨：ドン（Dong）

直接投資実績（2020年越外国投資庁）：285.3億ドル（直接投資：146.5億ドル
（認可額）、追加投資：64.1億ドル、証券投資：74.7億ドル）

▶ 経済協力

日本の援助実績：1992年11月以降経済協力再開。日本はベトナムにとって最
　　　　　　　　大の援助国。

我が国の対越ODA供与規模・実績　　　　　　　　　　　　　　（単位：円）

年度	2015	2016	2017	2018	2019
円借款	1,787.61	1,321.42	1,003.04	0	118.91
無償資金協力	38.60	26.35	30.43	13.63	30.40
技術協力	101.42	90.40	67.10	64.81	50.15

（注）「年度」の区分は、有償（円借款）は交換公文締結日、無償及び技協は予算年度による。金額は、有償及び
　　　無償は交換公文ベース、技協はJICA経費実績ベースによる。

主要援助国（2018年DAC集計ベース）：

　1）日本　2）ドイツ　3）韓国　4）米国　5）フランス

▶**二国間関係**

経済関係：

1 ）対日貿易（2020年越税関総局）

　ア）貿易額：396.2億ドル（対前年比4.6％）

　　　輸出：192.8億ドル（対前年比2.4％増）

　　　輸入：203.4億ドル（対前年比6.8％増）

　イ）品目

　　　輸出：縫製品、輸送機器・同部品、機械設備・同部品、木材・木工
　　　　　品、水産物

　　　輸入：機械設備・同部品、PC電子機器・同部品、鉄、縫製品原料、
　　　　　プラスチック原料

2 ）日本からの投資（2020年越外国投資庁）：23.7億ドル（認可額）（株式
投資を含む）

在留邦人数：23,148人（2019年10月現在）

在日ベトナム人数：420,415人（2020年 6 月現在）

（注）　上記「1　基本情報」は外務省HPを元にしている。

2　市場の特徴（市場環境）

▶66万店の伝統小売なくしてシェアなし

　ベトナムの小売市場規模は、約21.3兆円で、ASEANで 2 番目に大きな市場です。しかし、現状では、その市場の多くは日本企業が不得意とする伝統小売で形成されています（図表4-1）。

　ベトナム市場の最大の特徴はなんと言っても66万店以上存在する伝統小売でしょう。おおよそ**8,200店舗の近代小売に対して66万店以上の伝統小売が存在**し、これら伝統小売を攻略しなければ大きな売上やシェアはあり得ないというのがベトナム市場です。

　北の首都ハノイから南のホーチミンまで1,600km以上ある縦長の国土に 1

図表4-1 ベトナムの小売市場規模（2022年）

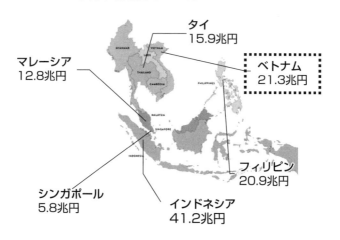

注：US1ドル＝136円で換算。
出所：Euromonitor、及び各国政府発表のデータを元にスパイダー・イニシアティブにて推計。

億人弱の人口を抱え、市場はざっとホーチミン周辺で5割、ハノイ周辺で3
割、中央に位置するダナン周辺で1割、その他で1割という形で構成されて
います。人口密度もおおよそこの割合で分布されており、伝統小売の数もお
およそ同様の割合と考えて良いでしょう。

　多くの日本の消費財メーカーの課題もこの伝統小売の攻略が中心です。近
代小売には並んだが、なかなか伝統小売のストア・カバレッジが伸びないと
いうものが中心になります。伸びない要因を掘り下げていくと、近代小売を
ベースにした4P（マーケティング・ミックス）を騙し騙し伝統小売に押し
つけているケースが多く見受けられます。

　例えば、プロダクトは品質の良い商品を、プライスは安くはするけど品質
が良い分少々高めで、プレイスは伝統小売の攻略が物理的に難しい販売チャ
ネルで、プロモーションは売れてから考えるといった具合です。これではな
かなか思うようには伝統小売のストア・カバレッジが伸びません。結果、本
来最も重要な中間層というターゲットが上振れしてしまい、市場のレベルが
商品に追いつくのを待つ的な状態を築いてしまっているケースも少なくない

のです。

　日本企業の場合は、もはや4Pという概念ではなく、4Cという概念で戦略を組み立てた方が良いです。ターゲットは絶対に中間層からブレることなく、そのターゲットに対しての4Cを徹底して追求する姿勢が重要です。4Cとは下記をいいます。

Customer Value：顧客にとっての価値

Cost：顧客にとっての費用

Convenience：顧客にとっての利便性

Communication：顧客とのコミュニケーション

　顧客にとっての価値を考えた時、本当にそこまで品質が良いことが必要なのだろうか。それによってコストが上がってしまっていることは、顧客にとっての費用負担なのではないだろうか。顧客の利便性を考えたら近代小売だけでなく、伝統小売でも買えることではないだろうか。売れてからプロモーションを考えるので、本当に顧客とのコミュニケーションが取れるのだろうか。これらの問いにしっかりと対峙しなければなりません。そしてこれら4Cはバランス良く最適化されなければなりません。多くの日本企業はこのバランスが非常に悪く、伝統小売のストア・カバレッジが伸びないのです。

　例えば、品質が過剰なまでに良すぎることで、結果、無駄にコストを上げてしまい、高い商品はどうせ数が売れないので、良いディストリビューターが興味を示しません。さらに、プロモーションも積極的にはしないので、ディストリビューターが身銭を切って商品に投資してまで広めようというマインドセットにならないという悪循環が起こっているのです。

　私は、安売りする必要は絶対にないと思っています。商品は1円でも高く売ることが重要です。しかし、相手が価値と感じていない品質を押しつけ、その結果として商品の価格が高くなっているのだとすると、それは直ちに改善しなければなりません。消費財の値段は高々数十円から数百円です。誰でも1回や2回は買えます。しかし、1回や2回買ってもらうことが重要ではなく、**できる限り高い頻度で、できる限り繰り返し長く買い続けてもらうこ**

とが重要であり、彼らがその商品を賄えなければ意味がありません。「賄う」とは、彼らがその商品を生活の一部として繰り返し必要とし買い続ける状態です。

また売場においても、「あそこに行けば買える」ではなく、「どこに行っても買える」状態を作らなければなりません。つまりは伝統小売におけるストア・カバレッジを伸ばすことが必須なのです。仮に過剰品質や高すぎるコストの問題がクリアになったとしても、販売チャネルのストラクチャー設計や、チャネルそのものの構築方法、また販売チャネルの管理育成方法が十分とは言えない企業がほとんどです。

これら顧客にとっての価値、顧客にとっての費用、顧客にとっての利便性の3つのCが最適化されて初めて4つ目のCである顧客とのコミュニケーションである様々な施策が効果的に実施できるのです。

したがって、伝統小売のストア・カバレッジを劇的に上げるには、今一度、自社の4Cから見直し、4つのC全てを最適化させる必要があるのです。

▶ 南北どちらを先に攻略するかを考える

ベトナム市場を考える時、南北問題も忘れてはなりません。南北問題とは、**南の企業が北で成果を上げづらく、またその逆も然りで北の企業も南で成果が上げづらいという問題**です。

先でも解説した通りベトナムの小売市場規模は21.3兆円程です。その分布はおおよそ、南のホーチミン周辺が5割、北のハノイ周辺が3割、中央のダナン周辺が1割で、その他が1割です。しかし、首都はハノイです。その他の国では、首都とその他の都市の市場規模が逆転しているということはなく、基本的には首都が最も大きな市場です。したがって、多くの企業は首都から参入していきます。しかし、ベトナムは、このような事情があり、ハノイから参入する企業もいれば、ホーチミンから参入する企業もいます。

ハノイから参入した企業は当然ハノイのディストリビューターを活用し、ホーチミンから参入した企業はホーチミンのディストリビューターを活用します。しかし、それらのディストリビューターに地場以外の地域をやらせた

場合に、一向に配荷が進まないのです。大手であってもハノイのディストリビューターのホーチミンにおけるパフォーマンスは低いですし、ホーチミンのディストリビューターのハノイにおけるパフォーマンスも低いのです。まだまだネーションワイドに平均的なサービスを提供できるディストリビューターはほとんど存在していません。大手のディストリビューターでも、自分達ではネーションワイドのサービスを提供できると言いますが、実際に使ってみるとそうでもないケースが多々あります。

これにはいくつかの理由があるのですが、まずは地理的な問題が大きく影響しています。北のハノイと南のホーチミンの1,600kmに及ぶ距離の壁はやはり大きいと言わざるを得ません。特に、南北を結ぶインフラが高速道路にせよ鉄道にせよ、日本のようにはいかないので、人やモノの移動にはそれなりの時間と労力を要します。

また中央に位置するダナンの北にフエという都市があるのですが、そこには高い山脈があり、昔からその山脈を隔てて北と南の往来が大変だったのです。

そして1975年に終結したベトナム戦争の名残が未だにあり、北は南より上という考え方が根強く残っています。様々な利権も北側が中心となり得ています。政治においても、南のホーチミンの人民委員会や各行政機関の上層部にはもちろん、南出身の人間もいますが、北出身の人間が相当数を占めています。

また、民間レベルでも、戦争に勝ったのは北側なので、特に南の企業が北で成功しづらい傾向が強いです。個人も南の出身者が北で成果を上げるよりかは、北の出身者が南で成果を上げる方が若干ましであるという印象はありますが、北の出身者もそれはそれで南では煙たがられる存在であるのも事実です。これは話す言葉で直ぐにわかってしまいます。東京と大阪ぐらいに言葉が違います。

そして少し歴史的な話をすると、フエから北は長きに渡り中国の影響を受け続けてきたので、一昔前の北京のような印象を受ける人も少なくありません。一方で、南は、より開放的なイメージが強く、都市に降り立った時に感

じる空気や、それぞれの地域の国民性も大きく異なります。

　これらの理由から、ベトナム市場は、南から北を攻めたり、北から南を攻めるのではなく、**フエから北と南で2つの地域に分け、それぞれで攻める**というのが適しているのです。**セールスもディストリビューターもそれぞれの地域で調達**し、それぞれで活用するというのが良いでしょう。そしてもちろん、両方同時に展開ができればそれにこしたことはありませんが、限られた経営資源で早期に勝ちパターンを確立するためには、どちらかを優先して進めるケースが大半かと思います。

▶ディストリビューターにセールス機能がないことを理解する

　そしてベトナム市場の特徴の3つ目が、**ベトナムのディストリビューターにはセールス機能がない**ということです。ディストリビューターなのにセールス機能がないなどというのは一瞬耳を疑うような話ですが事実です。日本とはディストリビューターの主たる業務が違うのです。

　通常、ディストリビューターの定義は、メーカーから商品を購入し、在庫を管理し、顧客となる小売へ販売する企業を指します。日本語にすると販売店や、問屋、卸売業者となります。これらの企業の主たる業務は、「セールス（営業）」と「ストック（在庫）」と「デリバリー（配達）」です。日本の場合、在庫や配達は、ヤマト運輸や佐川急便などの物流業者が担うケースもあるので、販売店の最も重要な仕事はセールスになります。しかし、ベトナムのディストリビューターの多くは、このセールス機能を持ち合わせていないのです。彼らの主たる業務はストックとデリバリーなのです。セールスはメーカーの役割であるというのが基本的な考え方です。したがって、セールス機能を持っているディストリビューターは規模の大きな一部に限られています。

　これら一部のディストリビューターも、元々はセールス機能は持っておらず、欧米の先進グローバル企業のディストリビューターを勤める中で、彼らの指導の下でセールスの機能を備えていったのです。もしくは、タイなど他のASEAN6の企業であることが多いです。ディストリビューターにセール

ス機能がないというのはベトナムだけの話で、他のASEAN6では、セールス機能を有しています。

　また食品や飲料、菓子、日用品の領域で、そこそこの規模のあるディストリビューターも10社程度に限られており、多くは中堅から小規模です。これらディストリビューターにメーカーがセールスを派遣するか、もしくはメーカーの人件費負担でディストリビューターがセールスを雇用する方法でセールス機能を有するケースが大半です。同時にメーカー直のセールスと合わせて市場攻略を行います。

　メーカーとしては、他のASEAN6のようにある程度ディストリビューターに任せればセールスしてもらえる状況とは大きく異なるのがベトナム市場なので、販売チャネル戦略をしっかりと組み立て、他のASEAN6以上に強固な販売チャネルを構築しなければシェアを伸ばせないのがベトナム市場なのです。

3　主要小売プレイヤー（流通環境）

▶ トップ5小売プレイヤーの紹介

　ベトナムの主要な近代小売（MT）は図表4-2の通りとなります。最も大きい小売はWinMart（ウィンマート）です。売上は為替にもよりますが、推計で数百億円程度です。ベトナムで最も大きな近代小売の売上がこのレベルですから、ベトナムの近代小売にはまだまだ大きなポテンシャルがあるということです。一方で、現状の小売市場全体の規模から考えて、主たる小売企業がこの程度の売上ということは、いかに伝統小売が大きな市場かおわかりいただけると思います。

　WinMartはスーパーを123店舗、コンビニエンスストアを3,000店舗持っています。顧客層は中間層から富裕層までをターゲットとしています。123店舗のロケーションは、商業センター内や、集合住宅内、地方都市と様々です。

　WinMartは、以前はスーパーマーケットのVinMart（ビンマート）とコンビニエンスストアのVinMart+（ビンマートプラス）というブランドで、

図表4-2　ベトナムにおける主要小売プレイヤー

主要スーパーマーケット（推計売上規模順）		コンビニエンスストア（店舗数順）	
1.	WinMart	1. VinMart⁺	（約3,000店舗）
2.	co.opmart	2. CIRCLE K	（約400店舗）
3.	GO!	3. SATRA FOODS	（約188店舗）
4.	Mega Market	4. GS25	（約160店舗）
5.	ÆON	5. FamilyMart	（約143店舗）
6.	LOTTE Mart	6. co.op smile	（約103店舗）

　ベトナム最大のコングロマリット企業であるVingroup（ビングループ）により設立され運営されていました。しかし、業績が思うように伸びず、2021年に食品メーカーでもあり、食品流通最大手でもあるMasan Group（マサングループ）に売却されました。Masan Groupの買収後、VinMartからWinMartにブランド名を変更し、店舗の整理統合を図り、運営効率を改善し、経営の立て直しを図っています。グループにはコンビニエンスストアのWinMart＋以外に、キオスクのPhuc Long（フックロン）や、薬局のPhano（ファノ）などもあります。また、地方都市にも積極的に展開しています。

　2番手のCo.opmart（コープマート）は、ホーチミン市の商業協同組合連合（Saigon Co.op – サイゴンコープ）傘下のスーパーマーケットです。コープマートは、現在ベトナムで最も多くの店舗を抱える小売です。スーパーマーケットとハイパーマーケットが中心です。ブランドは、Co.opmart、Co.opmart SCA、Co.op Smile、Finelife、Co.opXtraなどがあります。スーパーマーケットが128店舗、ミニスーパーが400店舗、その他グローサリーやコンビニエンスストアなど100店舗を展開しています。店舗のロケーションは、商業センター内や市街地の中心部、集合住宅内や交通の要衝などです。顧客層は低所得者から中間層が中心です。ホーチミンに行き車やバイクで外を走っていると最も多く見る小売だと思います。

　そして3番手がタイのセントラルグループ傘下のBig C（ビッグシー）です。ビッグシーは、元々はフランスのCasino Group（カジノグループ）傘下の小売チェーンでした。ベトナムには20年以上前に進出しており、ベトナムへ最初に進出した外資系小売チェーンです。その後、タイのセントラル グループに売却され、現在はセントラル グループの傘下です。現在店舗数は41店舗で、店舗のロケーションは、各都市の商業センター内や集合住宅内にあります。顧客層は、こちらも低所得者から中間層が中心です。

　ベトナムの小売市場もイオンやロッテマートなど他の外資系の成長や、地場のVinMart（現WinMart）の急速な店舗拡大などで、近年、ビッグシーの業績は伸び悩んでいます。2020年にBig CブランドをGO！（ゴー）に変更し、店舗のショッピングスペースの大半を改善し、サービス品質の向上を図り業績の拡大を目指しています。また、セントラルグループは、TopsMarket（トップスマーケット）という小売ブランドも持っています。

　4番手もタイの企業で、BJC/TCCグループ傘下のMegaMarket（メガマーケット）です。メガマーケットの原型は、2002年にホーチミン市に最初に近代卸売センターを開設したドイツ資本のMetro Cash and Carry（メトロキャッシュ＆キャリー）です。BJC/TCCグループが買収し現在に至ります。21店舗展開しており、店舗のロケーションは主要道路に面した交通の要衝が中心です。顧客層は中間層から富裕層が中心です。

　現在、2,000社のサプライヤーと取引があり、農場など地元の生産者から直接の仕入れを行い、販売する製品の90％以上がベトナム産です。

　そして5番手が、日本のイオンです。イオンは2009年にホーチミンに第1号店を開業して以来、ハノイにも出店し、現在では6店舗を展開しています。1店舗当たりの敷地面積は平均5万平米と大規模な展開をしています。スーパーマーケットだけでなく、総合的なショッピングセンターとして位置づけられており、郊外型ではあるが、娯楽施設の少ないベトナムでは、1日中楽しめるレジャー複合施設と認識され高い集客力を有しています。

　イオンができた当初、そんな大きな箱を埋めるのは大変だといった声もあったのですが、見事に箱は埋まり連日多くの人で賑わっています。現在、

Bien Hoa（ビエンホア）に7店舗目を建設中で、2023年には開業する予定です。イオンのベトナム展開は外資系小売業の成功事例と言って良いと思います。

▶ コンビニエンスストアの紹介

さて次に、少しコンビニエンスストアに関してもご紹介したいと思います。店舗数の多い順に最大手はスーパーマーケットの第1位で紹介したMasan Groupが運営するVinMart+（ヴィンマートプラス）です。スーパーマーケット同様にブランド名を順次WinMart+に変更しています。現在ベトナム全土に3,000店舗を抱え、大都市だけでなく地方都市にも多数出店しています。低所得者から中間層をターゲットとしています。Masan Groupが買収した後は、今までの赤字を垂れ流しても拡大する路線から、赤字店舗の縮小を行い、赤字体質からの脱却を行いました。現在、出店ペースは落ちたものの、経営は健全化しています。

次はCIRCLE K（サークルK）で、店舗数は約400店舗です。外資系のコンビニエンスストアとしては最も店舗展開が積極的で、地方にも店舗を展開しています。立地さえ良ければかなり小規模の店舗でも出店しており、ベトナムの都市部に見られる間口の狭い物件でも営業をしています。

3番手は188店舗を展開するSatra Food（サトラフード）です。出店エリアはホーチミン市とその周辺が中心です。サトラフードは食品の産地等のトレースを厳格に行い管理することで消費者の信頼を得ることを重視していることで知られています。最近は、ホーチミン市だけでなく、近隣の省への展開を図っています。

4番手は韓国系のGS25（ジーエスイーシボ）で160店舗程を展開しています。韓国系のコンビニエンスストアとしては最大規模の展開で、食肉の販売をいち早く取り入れ、冷凍食品の販売も充実しているのが特徴です。ホーチミンやハノイの他、ビンズオンやブンタウ、ビエンホアなどに出店しています。

そして5番手がFamily Mart（ファミリーマート）で、現在143店舗程を

展開しています。日本発のコンビニエンスストアとして最初に進出したことでも知られています。豊富な資本と経験を生かした店舗展開を図り、「おにぎり」や「おでん」、「弁当」は現地語にもなっていて、他のコンビニエンスストアも追随しています。コロナを機に生鮮品の拡充を図っています。

　そして6番手が103店舗を展開するCo.opsmile（コープスマイル）です。コープスマイルはホーチミンのみの展開です。Co.opmartは、コープスマイルの他にCo.opfood（コープフード）という生鮮食品を取り扱うミニマートでも展開を強めています。コープフードは現在537店舗を展開しています。広い用地の取得が困難な地域にはこれらコンビニエンスストアやミニマート形態の小規模店の展開を重視しています。

　ベトナムにはその他、イオン系列のミニストップやセブン‐イレブンなども展開しており、今後、これらの構図がどう変わるのかに目が離せません。

▶ 近代小売市場に関する考察

　ベトナムの小売市場の発展を考える際に、早くから市場参入を図った外資系の存在は大きなケーススタディとして学ぶものが多くあります。ドイツ系のMetro Cash and Carry（メトロキャッシュアンドキャリー）やフランス系のCasino（カジノ）はいずれもタイ資本の小売に売却し、撤退を余儀なくされました。

　今、この20年を振り返ってみて考えると、確かに、メトロキャッシュアンドキャリーやカジノの進出は早すぎたと言わざるを得ません。当時は、より急速に所得の上昇が進み、中間層の爆発的な拡大はもっと早く起きるという機運に満ち溢れており、適切なタイミングでの進出であると判断したわけですが、実際はそこまで急速には進みませんでした。

　また外資規制の撤廃も当初の予測よりかは遅れました。結果、メトロキャッシュアンドキャリーは、2014年にベトナム市場の撤退を決めています。

　一方で、2014年に進出したイオンは3年で黒字化を達成し、現在では6店舗に拡大しました。2023年には7店舗目の開業を予定しています。また2024年ごろには小売の外資規制が撤廃される予定で、出店数を加速させる計画で

す。

　この対照的な2社の進出と撤退を今改めて分析すると、イオンの経営手腕はさることながら、進出を判断したタイミングが絶妙であったと思います。結局のところ、それなりの資本を必要とする近代小売チェーンの進出にとって、進出のタイミングは最も重要なことであり、中間層の所得の拡大と外資規制の撤廃の2軸を見ながら絶妙なタイミングでの進出を果たさなければならないのです。

　今後は、ベトナム系、タイ系、韓国系を中心としたアジア系外資との競争もさらに激化してくると考えられるので、ベトナムの小売市場からは目が離せません。

　またベトナムは、コンビニエンス業態の成長が今後どう進むのかも非常に興味深いものです。いずれのコンビニエンスストアも店舗数がまだ数百店舗と少なく、コンビニエンスストアとしての付加価値を最大化させるに至っていません。現在、Massanグループ傘下となったWinMart+（ウィンマートプラス）も、Vinhグループ参加のヴィンマートプラス時代に一時5,000店舗まで拡大しましたが、あまりに急速な拡大で効率的な運営ができずに赤字を拡大させ、結局それが1つの大きな要因となりMassanグループへ売却されるという結果となりました。現在では3,000店舗に縮小し経営の立て直しを図っています。ベトナムの地場企業ですら容易には成功できないのです。

　これらコンビニエンスストアの成長が今一つ進まないのには、市場（いちば）を含む伝統小売の市場が大きく影響しています。66万店の伝統小売は、思った以上に人々の生活と密接に絡み合っていて、コンビニエンス（便利）なはずのコンビニエンスストアよりも現状では伝統小売の方が消費者にとっては圧倒的に便利になっているのです。

　また今回のパンデミックは大きな影響を小売市場に与えています。長期にわたる政府の規制で閉店を余儀なくされた市場（いちば）や伝統小売に比べて、近代小売は制限つきではあったものの早期に規制が緩和されました。そのため、これまで市場（いちば）と伝統小売が買い物の中心だった層も近代小売やEコマースでの買い物を一定期間体験したので、それが今後どう定着

するのか否かは1つの大きな変化と捉えています。

　ベトナム市場は、今後も中国からの生産拠点の移転が進み、次の世界の工場の地位を得る動きは止まらないと予測されています。こうした中、中所得国入りしたベトナムで消費のブレークが大都市だけでなく、地方都市も含めて起こると見られており、今後も小売市場のさらなる拡大は当面続くと期待しています。

▶ 伝統小売市場に関する考察

　ベトナムの伝統小売市場に関しては、やはり66万店以上の伝統小売や市場（いちば）がまだまだ人々の生活と密接に繋がっており、これら伝統小売を攻略しない限り、ベトナムでは大きなシェアは得られないという現実があります。近代小売の数は近年増加したと言っても主要どころはまだ8,200店舗程にすぎません。メーカーにとって、この程度の売場数では到底十分な利益を生むことは難しいのが現状です。多くの日系消費財メーカーのベトナム市場における課題も、これら伝統小売の攻略にあります。

　伝統小売の攻略においても、今欲しい分だけが買えるバラ売りや小分け売りへの対応はもちろんのこと、**地域によっては茶菓子のニーズにも対応した売り方も重要になる**ことを理解しなければなりません。特に居住区エリア、特に裕福層の居住区エリアに隣接する大きめの伝統小売では、来客時の茶菓子として外国のクッキーや日本のお菓子を出すことがあるため、茶菓子に一定の需要があります。昔、日本でもよく見かけた高さ5センチ、直径25センチ程の筒状の缶の入れ物に入ったクッキーやチョコレートなどです。同じ伝統小売でもバラ売りや小分け売りとは真逆の売り方です。

　日本だと茶菓子には、スーパーマーケットやコンビニエンスストアで売れている量産型のお菓子を出すということはほとんどなく、いわゆるデパ地下などで売られている高級菓子を出すことが多いですが、ベトナムでは日本で言うところの量産型の菓子が十分に来客をもてなす茶菓子としての役割を果たしているのです。実際にこのような伝統小売では、明治製菓やロッテなど日本を代表する菓子メーカーの小分けできないような値段が高めの商品が売

れていたり、また日本でも地方スーパーなどを中心に売られている中堅中小の菓子メーカーの菓子などが並行輸入され売られています。容量もそれなりに多いので300円～400円程で売られています。通常、ベトナムの伝統小売で売られている菓子の値段は数十円ですから、それからすると10倍です。それでも需要があるというのはこういった来客時の茶菓子としての使われ方なのです。

こうして考えると、伝統小売もまだまだ輸出で行ったとしてもある意味では興味深い市場であることがおわかりいただけると思います。

そしてベトナムの伝統小売について最も注目すべきは先でも解説した通り、コロナ後のデジタル武装でどう変化していくのかということです。コンビニエンスストアが絶対的な脅威ではない様相を見せている現状、彼らの成長スピード以上の速度で伝統小売がデジタル武装をすれば、今までは「伝統的」という言葉の通り、いつかは淘汰されてしまう存在である印象が強かったのですが、私は、伝統小売はコンビニエンスストアよりも利便性が高く、コンビニエンスストアよりもコンビニエンスな存在として引き続き存続し続けるのではないかと考えています。

いずれにせよ、このベトナムの伝統小売はどうやら単純に淘汰されていくということではないようなので、今後の進化からは目が離せません。日本の消費財メーカーも、本気で伝統小売と向き合う時が来ていると感じます。

4　主要ディストリビューター（流通環境）

▶ 主要ディストリビューターの紹介

ベトナムのディストリビューターと言えば、「北のPhu Thai（プータイ）、南のMesa（メサ）」と言われるように、北のハノイではプータイ社、南のホーチミンではメサ社は主要なディストリビューターの1つです。

プータイ社は1993年に設立されたディストリビューターで、エリアにおける強弱はあるものの、全国に30以上の配送センターを持ち数少ない全国流通が可能なディストリビューターです。ベトナム国内に進出している外資系企

業や、輸入を必要とする海外のメーカーに広く利用されています。例えば、米P&Gなどです。日系だとキユーピーやロート製薬などがあります。

　メサ社も時を同じくして1995年に設立された会社です。米P&Gや瑞Nestleなどを取り扱っています。メサ社は、ディストリビューションだけでなく、飲食や不動産、プリンシパル投資などにも事業領域を広げ、グループとして着実な成長をしています。

　これら2社の成長の背景には、やはり米P&Gや瑞Nestleの貢献が非常に大きく、これら欧米の先進グローバル企業が彼らの成長を支えたと言っても過言ではありません。効率的なディストリビューションの仕組みや、在庫管理、オペレーション、セールスに至るまで、ベトナムにはそのようなノウハウが全くなかった時代に、それらのノウハウを注入し、教育し続けたのです。その結果、プータイ社もメサ社もベトナムを代表する大手のディストリビューターへと成長できたのです。

　いつだったかメサ社のCEOが私にこのようなことを言っていたのを思い出します。「私達は米P&G社に心から感謝している。私達は彼らとのビジネスを通じ多くを学んだ。私達の成長は彼らの存在抜きには語れない」といった趣旨の内容です。その力強い言葉からは、米P&Gに対する強い忠誠心を感じたことを今でも覚えています。

　その他、外資系では1991年に再参入したスイスのDKSH社などが大手ディストリビューターとして存在します。DKSH社は、ベトナムに限らずアジア全域で事業を行っており、自身を"Market Expansion Services Provider"と呼び、顧客企業の市場拡大の支援を行っています。ベトナムでは、18の事業拠点を持ち、5,800人が働いています。

　サトラも主要なディストリビューターの1つです。サトラはホーチミン市が運営するディストリビューターで、1995年に設立され、以来、ホーチミン市の食品供給における中心的な役割を果たしてきました。

▶ディストリビューターの特徴

　ベトナムのディストリビューターの特徴としては、やはり先でも解説した

通り、**セールス機能を有したディストリビューターが限られている**ということです。特に中堅以下のディストリビューターの場合、セールス機能はほぼ期待できないので、メーカー自身で行うか、メーカーから人を派遣するか、メーカーの費用負担でディストリビューターにセールスを雇用してもらうかのいずれかが主流であるという、ベトナム独特の流通事情を理解しなければなりません。

　また近代小売の比率がまだ低く、近代小売との商談はメーカーが直接本部商談をするのが主流になるので、セールス労力の大半は伝統小売で必要になってきます。したがって、シェアの高い企業は数百名から1,000名近いセールスを雇用しており、それなりのコストと管理の手間をかけています。

　また、地理的、歴史的な背景から南北の壁が厚く、全国にくまなく流通させられるディストリビューターが極めて少ないというのもベトナムの特徴です。全国に展開していくのであれば、それぞれの地域でサブディストリビューターなどを活用するにしても、最低限、北と南、そして中部の3エリアでそれぞれディストリビューターが必要になります。

　それからコールドチェーンもまだまだ発展途上であり、全国流通でいるところは少ないのが現状です。また十分な容量の冷凍倉庫を保有するディストリビューターも全国的に不足しています。

　VIPの一角を担うベトナムだけに、将来におけるポテンシャルは十分に高い市場であるものの、現状はSMTとは異なり、大きなシェアを狙おうと思うと、かなりメーカー主導でディストリビューションにも踏み込んでいかなければならない市場であります。

　また先で解説したメサ社のように、欧米の先進グローバル企業によって教育されたディストリビューターは、非常に先進的且つ、戦略的なディストリビューションノウハウを保有し、高いパフォーマンスを発揮するものの、自分達にノウハウを提供し続けてくれた欧米先進グローバル企業の競合となる商品の取り扱いはしないので、企業によっては取り扱いを断られることが往々にしてあります。

　さらに、欧米先進グローバル企業が活用しているディストリビューターは、

彼らの逆算思考の戦略的な手法に慣れていて、日本企業にありがちなとりあえずリスクなく、少しずつの積み上げで行ってみて、その結果を見て次を考えようという手法がマッチしないケースも多々見てきています。どちらも一長一短なのですが、必ずしもディストリビューターというのは強いところが良いわけではなく、使う側のレベルや、投資方針によってどこが良いのかは大きく変わるので、そこをしっかりとマッチングさせることが重要になります。

5　販売チャネル戦略

▶中間層が受け入れられる4P/4Cに最適化する

　ベトナム市場で高いシェアを獲得しようとすると避けて通れないのが伝統小売の攻略です。しかし、この伝統小売の攻略も、4Pや4Cを最適化できなければ達成できないということを学ばなければなりません。ベトナム市場においてなかなか成果が上がらない企業の多くは、伝統小売を攻略できる販売チャネルを作りきれていないと同時に、この4Pや4Cが最適化されていないという問題を抱えています。まずはこの4Pや4Cの最適化について解説します。

　まず多くの日本企業が陥る4Pは図表4-3のような状態です。Product（プロダクト）に関しては、「日本で実績のある商品を、できれば仕様変更などをせずに、そのまんま売りたい」というのが各社の本音です。仕様を変更するとなると、ベトナム市場など管轄外という認識が根強い生産部門とのやり取りをしないとなりませんし、仕様変更して万が一にでも問題が生じたら大変なことになります。またそもそも売れるかどうかまだわからない商品の仕様を変更することへの抵抗もあります。結果、多くの企業は日本の「良い」をそのままベトナムへ持ち込むことから始まるのです。

　Price（プライス）に関しても、そもそも日本の商品をほぼそのままなので、「価格はベトナムの所得を考えできる限り安くするけど、そんなに下げたくない」というのが本音です。結果、ベトナム市場で主流となっている商品より数十パーセント増から数倍の価格帯で売られることになります。

図表4-3　日本企業が陥る4Pの課題

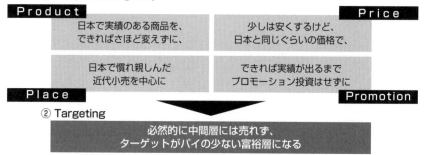

① 4P(Marketing Mix)

Product
日本で実績のある商品を、
できればさほど変えずに、

Price
少しは安くするけど、
日本と同じぐらいの価格で、

日本で慣れ親しんだ
近代小売を中心に

できれば実績が出るまで
プロモーション投資はせずに

Place

Promotion

② Targeting

必然的に中間層には売れず、
ターゲットがパイの少ない富裕層になる

　実は、この時点で既に負けが決定しており、そもそも伝統小売を攻略できる強固な販売チャネルの構築といった議論からは程遠いところに居ることになるのです。なぜなら、日本の「良い」を高い価格で売ろうとするわけですから、当然ながら伝統小売には置けません。近代小売においても、日系小売や一部の富裕層の居住区内の特殊な小売に限られてしまいます。主要な現地小売に置かれたとしても、輸入品棚かそれに近しい特殊な棚で、メインの棚には置かれにくくなります。仮に置かれても人々の手がその商品に頻繁に伸びることはなく、半年もしない内に回転が悪いので棚から撤去ということになります。近代小売で売れ筋になれなければ当然伝統小売では取り扱ってくれませんので、この時点でPlace（プレイス）である販売チャネルはかなり脆弱なものとなってしまうのです。

　そして最後のPromotion（プロモーション）に関しては、基本的にはある程度成果が出るまでは大きな投資はしないというスタンスで、セルアウトがほとんど進まないパターンか、ディストリビューターに多少の予算を預けBTL中心に行うが成果が見えないパターン、プロダクトもプライスもプレイスも不十分な状態にもかかわらず、最初からATLにそれなりの額を投資して砂漠に水を撒いた状態になってしまったパターン、というのをよく見てきました。

　その結果、本来、最も重要なターゲットである消費者が後回しになり、

4Pありきでターゲットを合わせていくので、ターゲットが中間層からブレてしまい富裕層になり、消費財メーカーにとって最も重要な数が取れずにシェアが上がらないという状況に陥ってしまうのです。1個1万円の商品を売っているならターゲットは富裕層で良いでしょう。しかし、数十円、数百円の消費財を売るのであれば、絶対に数が重要で、ベトナムの中間層を狙わずしてベトナムに出る意味などないのです。

　本来は図表4-4の通り、ターゲットが先です。**このターゲットに対して4Pではなく、4Cを組み立てなければならないのです。**4Pがメーカー側の視点であるとすると、4Cは顧客側の視点です。

　まず1つは、**Customer Value（顧客価値）です。**つまりは、**顧客とっての価値**です。顧客が価値を感じる商品とは何なのか。日本の「良い」をそのまま持って行くのでなく、彼らの心の奥底に眠る真実を見極めながら、同時にこれが欲しかったんだと思わせていく努力もしなければなりません。

　2つ目の**Cost（顧客費用）とは、顧客にとっての金銭的負担です。**顧客が賄える価格はいくらなのか。この「賄える」というのがキーで、消費財なので単価は知れているので誰でも1回は変えます。重要なのは、彼らの生活の一部に取り込まれ、ある一定期間、買い続けてもらえるかが重要であり、その価格とはいったいいくらなのかが重要なのです。

　ProductとPriceは表裏一体で、ベトナムの消費者が求めていないものを足せば、価格も同じように上がり、減らせば価格も下がります。重要なのは

図表4-4　4C分析

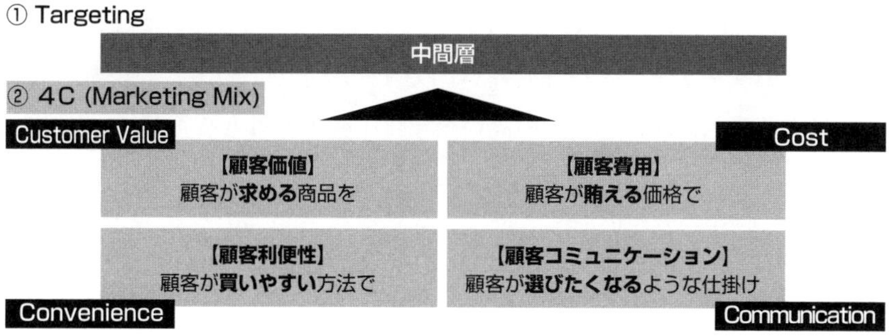

① Targeting / 中間層 / ② 4C (Marketing Mix) / Customer Value / Cost / 【顧客価値】顧客が求める商品を / 【顧客費用】顧客が賄える価格で / 【顧客利便性】顧客が買いやすい方法で / 【顧客コミュニケーション】顧客が選びたくなるような仕掛け / Convenience / Communication

このバランスを見極めることです。シェアの高い多くの企業は、ブランド自体は自国や他国で展開している世界共通化に基づいた展開を行い、材料や成分などをベトナムのレギュレーションや市場環境、消費者の趣向に合わせて変更し、ベトナムの消費者に求められる商品づくりに努めています。また同時にグラム数や入数を減らしたり、パッケージを変更して価格の調整を行っています。

　3つ目の**Convenience（顧客利便性）とは、顧客が買いやすい方法**を指しています。一部の限られた近代小売の限られた棚でしか変えないことが顧客にとっての利便性でしょうか。いいえ、違います。日々の生活で必要になる消費財は、近代小売でも、伝統小売でも、ネットでもどこでも買えることが顧客の利便性なのです。

　そして4つ目の**Communication（顧客コミュニケーション）とは、顧客が他社の商品ではなく、自分達の商品を選びたくなる仕掛け**です。そもそもお客さまの大半は、小売の棚の前で商品を選ぶのではなく、既に買うブランドを決めた状態で小売に買い物にくるのです。つまりは、自分達の商品が顧客のEvoked Set（エボークトセット）に入っていなければ、自分達の商品が小売で選ばれる可能性は非常に低いということです。Evoked Setとは、顧客が「○○を買おう！」と思った時に頭の中でイメージされるブランドの集合体です。消費者の多くは小売店に行って商品を選ぶのではなく、小売店に行く前からある程度買う商品が頭の中でイメージされているのです。顧客とのコミュニケーションが取れなければ、選ばれるブランドになるのは難しいことなのです。

　このように4Cで考えていくと、主役は常にターゲットとなる消費者であり、4Pありきのターゲットとはならないのです。今まで、数多くの企業の4Pや4Cを見てきましたが、シェアの高い企業は1社の例外もなく4Pや4Cが最適化されていました。逆に、シェアの上がらない企業の課題は必ず4Pや4Cの中にあるということなのです。皆さんも、是非一度、4Pや4Cを改めて整理し直してみてください。きっと多くの課題に対する答えが見つかるはずです。

▶伝統小売を攻略するための販売チャネルを構築する

　消費財メーカーにとってベトナム市場で最も重要なことはいかに伝統小売を攻略するかということですが、日本企業の中には、なんとかして伝統小売を避けられないかという思いが根強く残っています。まずは近代小売から始め、その内に伝統小売に着手すると言いながら何年経っても伝統小売への配荷が進まない企業を数多く見てきました。なぜそのような状況に陥るのかは、先で述べた4Cや4Pの通りです。

　ここで改めて、なぜ伝統小売の攻略が必要なのかを数字で見ていきたいと思います。図表4-5の通り、ベトナム市場における主要な近代小売の店舗数は、8,200店舗程度です。その内、最も店舗数の多いコンビニエンスストアですら3,000店舗しかありません。日本はセブン–イレブン1社で21,353店舗（2022年9月末現在のセブン–イレブン・ジャパン公表数字）です。ベトナムの近代小売の数はまだまだ少なすぎるのです。この程度の数の近代小売に仮に100％配荷できたとしても、さほど大きな売上は作れません。

　対して、伝統小売は66万店舗存在するのです。現状では、伝統小売にチャレンジしないのであれば、残念ながらベトナム市場では大きな売上は期待できません。成功しているエースコックやユニチャーム、味の素は皆、伝統小売の攻略から目を背けていないのです。他のシェアの高い外資系企業などの

図表4-5　ベトナムの小売市場

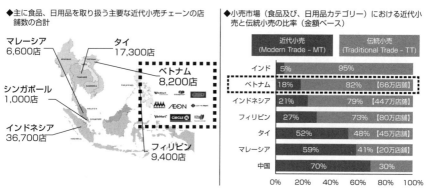

出所：Euromonitor のデータを元にスパイダー・イニシアティブにて推計。

実態を可視化してみても、1社の例外もなくシェアの高い企業は伝統小売に向けた販売チャネルの構築がしっかりできています。

また将来を見ても、伝統小売はデジタル武装によって今までの予測よりも長く存続し続ける可能性があり、現状のベトナム市場の近代小売の発展速度や、国のインフラ開発計画、またEコマースの発展状況を見ても、向こう数十年は間違いなく重要な役割を担い続けるので、腰を据えて伝統小売と向き合うことが必要なのです。

▶ ドミナント戦略で戦い独自の「型」を習得する

では、どのように伝統小売を攻略するための販売チャネルを作れば良いでしょうか。これは本章5でもお話しした4Cの内のCustomer ValueとCostを満たしているということが大前提になります。これらが満たされたら、次のキーワードはこの3つです。

1）近代小売での実績

2）伝統小売は自社主体でのディストリビューター活用

3）ドミナント戦略

まず、1）の「近代小売での実績」ですが、伝統小売のオーナーは基本的には近代小売で売れ筋の商品を積極的に取り扱いたがります。なぜなら、当然ですが、売れ筋だけを店先に並べておけば、売れる回転スピードは早いし、売れ残るリスクが低いからです。実際に、ベトナムの場合、まだ近代小売もさほど発展途中なので、完全な売れ筋とまで行かなくとも、それなりに目立って陳列されている状態を作れれば十分です。特に、本章3で示した主要小売での目立った陳列は重要です。

ただ、実際に私もベトナムで弊社の現地スタッフとともに伝統小売への営業を何度も行っていますが、仮に近代小売への取り組みがまだ不十分な進展途中の状態でも、6割の店舗では、オーナーであるおじちゃん、おばちゃんへの一度の訪問と営業トークで商品を置いてもらうことは可能です。初回の訪問ではダメでも、2回目の訪問で7割、3回訪問すれば8割は置いてもら

郵 便 は が き

料金受取人払郵便

神田局
承認

7635

差出有効期間
2024年 4 月30
日まで

１０１-８７９６

５１１

（受取人）
東京都千代田区
　神田神保町1－41

同文舘出版株式会社
愛読者係行

||ıl|l·ı·l·l|ı|ıl||l|l||l||ı·l·l·|·l·l|l·|ıl·|ıl·|ı|||

毎度ご愛読をいただき厚く御礼申し上げます。お客様より収集させていただいた個人情報
は、出版企画の参考にさせていただきます。厳重に管理し、お客様の承諾を得た範囲を超
えて使用いたしません。メールにて新刊案内ご希望の方は、Ｅメールをご記入のうえ、
「メール配信希望」の「有」に○印を付けて下さい。

図書目録希望	有	無	メール配信希望	有	無

フリガナ		性　別	年齢
お名前		男・女	才

ご住所	〒
	TEL　　　（　　　）　　　　　Ｅメール

ご職業	1.会社員　2.団体職員　3.公務員　4.自営　5.自由業　6.教師　7.学生 8.主婦　　9.その他（　　　　　　　　　　）

勤務先 分　類	1.建設　2.製造　3.小売　4.銀行・各種金融　5.証券　6.保険　7.不動産　8.運輸・倉庫 9.情報・通信　10.サービス　11.官公庁　12.農林水産　13.その他（　　　　　　）

職　種	1.労務　2.人事　3.庶務　4.秘書　5.経理　6.調査　7.企画　8.技術 9.生産管理　10.製造　11.宣伝　12.営業販売　13.その他（　　　　　　）

愛読者カード

書名

◆ お買上げいただいた日 　　　年　　　月　　　日頃
◆ お買上げいただいた書店名 　　（ 　　　　　　　　　　　　 ）
◆ よく読まれる新聞・雑誌 　　（ 　　　　　　　　　　　　 ）
◆ 本書をなにでお知りになりましたか。
　1．新聞・雑誌の広告・書評で 　（紙・誌名 　　　　　　　 ）
　2．書店で見て 　3．会社・学校のテキスト 　4．人のすすめで
　5．図書目録を見て 　6．その他（ 　　　　　　　　　　 ）

◆ 本書に対するご意見

◆ ご感想
　●内容 　　　　良い 　　普通 　　不満 　　その他(　　　　　)
　●価格 　　　　安い 　　普通 　　高い 　　その他(　　　　　)
　●装丁 　　　　良い 　　普通 　　悪い 　　その他(　　　　　)

◆ どんなテーマの出版をご希望ですか

<書籍のご注文について>
**直接小社にご注文の方はお電話にてお申し込みください。宅急便の代金着払いに
て発送いたします。1回のお買い上げ金額が税込2,500円未満の場合は送料は税込
500円、税込2,500円以上の場合は送料無料。送料のほかに1回のご注文につき
300円の代引手数料がかかります。商品到着時に宅配業者へお支払いください。**
同文舘出版 　営業部 　TEL：03－3294－1801

えます。つまりは、ある程度の労力を割けば伝統小売に置いてもらうことは可能なのです。

　問題は置いたのに売れなかった時です。置いたのに売れなかったら、二度目の注文はないということです。だからこそ、近代小売である程度の結果を得るということが重要なのです。近代小売で売れなければ何をどうしても伝統小売では売れませんので、そういう意味でも近代小売での実績は重要なのです。

　近代小売というのは売れない商品をいつまでも陳列はしてはくれませんので、1年近く近代小売でそれなりに目立って陳列されているということは、そこそこ売れているということになります。この状態になって、いよいよ伝統小売へも本格的に展開となるわけです。ここで重要なのが、2）の「伝統小売は自社主体でのディストリビューター活用」になります。何が言いたいかというと、デリバリーの機能として、また既存店のフォローアップ機能としてディストリビューターを活用することは良いですが、伝統小売への新規のセールスに関しては、現実的には自社が主体となって行わないと上手くいかないということです。実際に伝統小売へのセールスもデリバリーもフォローアップも全てディストリビューター任せにして成功している企業を私は見たことがありません。

　もう少し詳しく説明すると、まずベトナムのディストリビューターの最大の特徴は、本章4でも解説した通りセールス機能を持った企業が限られるということです。これら限られた企業の多くは、欧米の先進的なグローバル企業が育て上げたものです。既に独自の勝ちパターン、つまりは「型」を持つ先進グローバル企業は、今では大きな資本投下で大きな売上を上げるステージにいます。そんな彼らの相手をしている数少ないセールス機能を持つディストリビューターに対して、「私達は日本企業なので最初から大きな資本は投下できません。売れたら色々考えます。また、様々な判断スピードも本社への確認が必要になるので時間がかかります。そして商品の値段も少々高めです。しかし、品質だけは良いので宜しくお願い致します」的なスタンスだとなかなか相手にしてもらえません。これらセールス機能のあるディストリ

ビューターと取り組むというのはそれなりの覚悟がないと難しいのが現実です。今までも契約はしたものの、なかなか互いの考えが噛み合わず成果がパッとしない状態で時間だけが過ぎていく日本企業を多く見てきました。誤解をおそれずもう少しはっきり言うと、ステージの違う企業同士がタッグを組んでもなかなか成果が出しづらいということです。であるならば、最初から自前で営業チームを組織して伝統小売へセールスし、デリバリーと後のフォローアップをその地域密着型の小規模なディストリビューターを活用して行った方が良いと考えます。これらの地域密着型のデリバリー専門のディストリビューターであれば、それなりにコントロールがしやすく、またマージンも安く済みます。

　しかし、今、皆様の頭をよぎっている心配事は、「でも最初からそんなことが本当にできるのだろうか？」ということだと思います。だからこそその3）の「ドミナント戦略」なのです。

　ドミナント戦略とは、チェーンストアの戦略として語られることが多く、チェーンストアが地域を絞って集中的に出店する戦略のことです。メーカーの場合も、地域を絞ってドミナントで戦うことをおすすめします。理由は、限られた経営資源を選択と集中で効率的に活用できるからです。勝ち筋となる独自の「型」を掴むまでは、とにかく小さく生んで大きく育てることが仮説検証のプロセスにおいてとても重要なのです。これは新規参入であっても、既に参入しているが成果が出ないので、再度仕切り直しの展開をする場合でも同じです。

　重要なのは、自社で最前線に立って伝統小売の攻略を試み、その実態をリアルに理解することなのです。どうしたら伝統小売のオーナーは商品を買ってくれるのか？　どういった伝統小売だと商品が売れるのか？　どのような顧客がその商品を買っているのか？　伝統小売へのセールスとデリバリーとフォローアップのそれぞれの工程ではどのような課題や問題が発生するのか？　その効率的な解決方法とはどういったものなのか？　自分達自らが動き、考え、これらの問いに答えていくことで、小さな成功体験を掴み、それがなんとなく自社独自の勝ちパターンの「型」になっていきます。これを繰り返し

行うことで、なんとなくの型が確実な型へと精度を上げていきます。そうなった時に、徐々に展開エリアを広げていくのです。その時には勝ちパターンの型が既に手に入っているので、展開のスピードは早くなり、経営資源の投下も大きくすることが可能になるのです。

　ベトナム市場でシェアの高い先進グローバル企業や日本のユニチャームやエースコックなどの企業を分析すると、皆、この独自の「型」を持っています。「型」なくしてシェアなしと言っても過言ではありません。是非、皆さんも、一刻も早くこの「型」を手に入れてください。

第5章

インドネシア

1　基本情報

▶一般情報

面積：約192万平方キロメートル（日本の約5倍）

人口：約2.70億人（2020年インドネシア政府統計）

首都：ジャカルタ（首都圏人口約1,056万人）（2020年インドネシア政府統計）

民族：約300（ジャワ人、スンダ人、マドゥーラ人等マレー系、パプア人等
　　　メラネシア系、中華系、アラブ系、インド系等）

言語：インドネシア語

宗教：イスラム教86.69％、キリスト教10.72％（プロテスタント7.60％、カ
　　　トリック3.12％）、ヒンズー教1.74％、仏教0.77％、儒教0.03％、その
　　　他0.04％（2019年宗教省統計）

▶政治体制

政体：大統領制、共和制

元首：ジョコ・ウィドド大統領（2019年10月20日に再任、任期5年）

議会：1）国会（DPR）：定数575名（任期5年）
　　　2）地方代表議会（DPD）：定数136名（任期5年）

（注）　その他、憲法の改正、大統領・副大統領の任期中の解任等を決定できる国民協
議会（MPR）がある：711名（国会議員575名及び地方代表議員136名で構成）

▶経済

主要産業：

　製造業（19.2％）：輸送機器（二輪車など）、飲食品など

農林水産業（13.2%）：パーム油、ゴム、米、ココア、キャッサバ、コー
ヒー豆など

卸売・小売（12.9%）

建設（10.4%）

鉱業（8.9%）：LNG、石炭、錫、石油など

運輸・通信（4.4%）

金融・保険（4.3%）

物流・倉庫（4.2%）

行政サービス・軍事・社会保障（3.4%）

その他（14.6%）：不動産、教育、ホテル・飲食等

（カッコ内は2021年における名目GDP構成比）（インドネシア政府統計）

GDP（名目）：

年度	2010	2011	2012	2013	2014	2015	2016	2017	2018	201	2020
GDP（名目）	7,551	8,930	9,179	9,125	8,908	8,609	9,319	10,154	10,422	11,191	10,584

一人当たりGDP（名目）：

年度	2010	2011	2012	2013	2014	2015
一人当りGDP（名目）	2,977.0	3,498.2	3,562.9	3,666.8	3,531.9	3,374.5

年度	2016	2017	2018	2019	2020	2021
一人当りGDP（名目）	3,605.1	3,876.8	3,927.0	4,174.9	3,911.7	4,349.5

一人当たりGNI（名目）：

年度	2010	2011	2012	2013	2014	2015	2016	2017	2018	2019	2020
一人当りGNI（名目）	2,530	3,010	3,580	3,740	3,630	3,440	3,400	3,530	3,840	4,050	3,870

経済成長率（実質）：

年度	2011	2012	2013	2014	2015	2016
経済成長率（実質）	6.2	6.0	5.8	5.6	4.8	5.0

年度	2017	2018	2019	2020	2021
経済成長率（実質）	5.1	5.17	5.02	−2.07	3.69

物価上昇率：

年度	2010	2011	2012	2013	2014	2015
物価上昇率	7.0	3.8	4.3	8.4	8.4	3.4
年度	2016	2017	2018	2019	2020	2021
物価上昇率	3.0	3.6	3.1	2.7	1.6	1.8

総貿易額：

年度	2010	2011	2012	2013	2014	2015
輸出（億ドル）	1,577.8	2,035.0	1,900.2	1,825.5	1,762.9	1,502.8
輸入（億ドル）	1,356.6	1,774.4	1,916.9	1,866.3	1,781.8	1,426.9
年度	2016	2017	2018	2019	2020	2021
輸出（億ドル）	1,444.3	1,687.3	1,800.6	1,675.3	1,633.0	2,315.4
輸入（億ドル）	1,356.5	1,568.9	1,886.3	1,707.2	1,415.6	1,961.1

貿易品目（総額、非石油・ガス）：
1）輸出：鉱物性燃料（328.3）、動物・植物性油脂等（328.3）、鉄鋼（209.4）
2）輸入：機械・機械設備（258.4）、鉄鋼（119.5）、医療用品（43.5）
　　（単位：億ドル）（2021年インドネシア政府統計）
貿易相手国・地域（総額、非石油・ガス）：
1）輸出：中国（511.0）、米国（257.7）、日本（168.7）
2）輸入：中国（557.3）、日本（146.6）、タイ（90.8）
　　（単位：億ドル）（2021年インドネシア政府統計）
通貨：ルピア（Rupiah）

▶ 経済協力

日本の援助実績：1）有償資金協力　1,551.10億円（2019年度）
　　　　　　　　　2）無償資金協力　88.26億円（2019年度）
　　　　　　　　　3）技術協力　56.58億円（2019年度JICA実施分のみ）
主要援助国（2018年OECD/DAC（グロス）、％は二国間援助に占める割合）：

1）ドイツ39.1% 2）日本20.7% 3）フランス14.8% 4）豪州8.5%
5）米国8.2%

▶ 二国間関係
経済関係：
　1）対日貿易
　　ア）貿易額（億円、財務省貿易統計）

年度	2010	2011	2012	2013	2014	2015
対日輸出(億円)	24,762	27,160	25,764	28,172	27,156	23,903
対日輸入(億円)	13,945	14,123	16,187	16,621	15,605	13,962
年度	2016	2017	2018	2019	2020	2021
対日輸出(億円)	19,799	22,307	23,789	19,779	9,809	14,654
対日輸入(億円)	12,302	15,022	17,430	15,243	16,519	21,543

　　イ）主要品目
　　　　日本への輸出：動物性・植物性油脂、鉄鋼、鉱物性燃料
　　　　日本からの輸入：ボイラー・機械設備、鉱物性燃料、電気機器・部品
　2）日本からの直接投資（実現ベース）（億ドル、インドネシア投資調整庁）

2010年	2011年	2012年	2013年	2014年	2015年
7.1	15.2	24.6	47.1	27.1	28.8
2016年	2017年	2018年	2019年	2020年	2021年
54.0	50.0	49.5	43.1	25.8	22.6

在留邦人数：16,539人（2021年現在、在留届に基づく）
在日インドネシア人数：59,820人（2021年12月末現在、出入国在留管理庁統計）

（注）　上記「1　基本情報」は外務省HPを元にしている。

2　市場の特徴（市場環境）

▶ ハラルの取得なくしてシェアなし
　インドネシアの小売市場規模は、41.2兆円でASEAN6で最も大きく、

図表5-1　インドネシアの小売市場規模（2022年）

注：US1ドル＝136円で換算。
出所：Euromonitor、及び各国政府発表のデータを元にスパイダー・イニシアティブにて推計。

ASEAN6全体の45％程を占めます（図表5-1）。また、発展途上の現状で既に日本の小売市場規模150.4兆円の３割以上の大きさを誇っています。そしてこの巨大な市場はハラル（ハラール）が必須の市場なのです。

　インドネシア市場の攻略を考える時、ハラルを無視しては何も始まりません。世界で４番目に人口の多い国であるインドネシアは、２億8,000万人程の人口を抱え、世界最大のムスリム（イスラム教徒）人口を有する国としても有名です。「ハラル」とは、イスラム教の教えにおいて「許されている」という意味のアラビア語で、ムスリムの人達の全ての行いはこの神に許された行為か否かに基づいて行われています。食べるものや、着るもの、やって良いことなど生活全ての土台がこの「ハラル」に基づいているのです。

　例えば、食べ物で言うと、野菜や果物、米や小麦、豆類、魚介類や牛乳、卵などといったものは許された食べ物である「ハラルフード」になります。牛肉や鶏肉は食べても良しとされていますが、イスラム法に則った食肉処理が施されている必要があります。

　反対に、神に許されていないものを「ハラム」と呼び、代表的なものは豚肉やアルコールです。また、どちらか判別がつかないものを「シュブハ」と

呼び、これらも避ける傾向にあります。

1）神に許されたもの　＝　「ハラル」

2）神に許されていないもの　＝　「ハラム」

3）どちらかわからないもの　＝　「シュブハ」

　食品においては、野菜そのものや果物そのもの、魚そのものなど一目でハラルとわかるものもありますが、例えば、野菜を炒めるのに使う調味料や、魚を使った加工食品など、外側から見ただけでは、ハラルなのか否かが判断できないものも多くあります。

　また、食べ物以外でも、化粧品やシャンプーなどヘアケア製品では、その成分が何に由来するものなのかが外観からはわかりません。したがって、インドネシアで主に売られているものには、ハラルか否かを見分けるための目印となる「ハラル認証マーク」が必ずついているのです。この「ハラル認証マーク」がついている食品や化粧品であれば、原材料がハラルなことはもちろん、使われている調味料や、その調理方法、製造方法までがしっかりとハラルであることが外観からわかります（図表5-2）。

　このようにハラルか否かはムスリムの消費者にとって非常に重要で、ハラル認証のない食品や化粧品はまず手に取られません。消費者が手に取らない

図表5-2　主なハラル認証マーク

マレーシアのハラル認証マーク

インドネシアのハラル認証マーク

ということは、小売やディストリビューターも取扱いをしてくれません。仮に取扱いをしてくれたとしても、日系スーパーや顧客の大半がハラルを気にしない外国人のスーパーなど、非常に限られたマーケットでしか売られることはありません。したがって、結局は大きなビジネスにはならないのです。ハラル認証マークの取得はインドネシアにおけるビジネスでは必須になるのです。

▶ 447万店の伝統小売なくして利益なし

　VIPの一角を担うインドネシアもまた伝統小売の攻略なくして大きなビジネスをすることはできません。インドネシアの主要な近代小売の数は36,800店舗とASEAN6の中で最多です。しかし、伝統小売もASEAN6の中でも最も多く447万店舗存在します。この差から見ても伝統小売を避けて通れないのはベトナム市場以上であることがわかると思います（図表5-3）。

　ただ、近代小売が36,800店舗あれば、「近代小売だけでも上手く展開できれば利益が出ないなんてことはないのではないか」と考えがちです。しかし、その考えは甘いと言わざるえません。後に本章3の主要小売プレイヤー（流通環境）の欄でも解説しますが、インドネシアの近代小売36,800店の内、実

図表5-3　インドネシアの小売市場

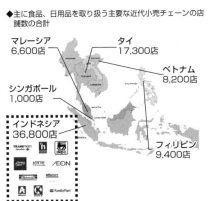

◆主に食品、日用品を取り扱う主要な近代小売チェーンの店舗数の合計

マレーシア 6,600店
タイ 17,300店
ベトナム 8,200店
シンガポール 1,000店
インドネシア 36,800店
フィリピン 9,400店

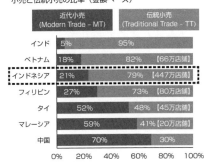

◆小売市場（食品及び、日用品カテゴリー）における近代小売と伝統小売の比率（金額ベース）

	近代小売 (Modern Trade - MT)	伝統小売 (Traditional Trade - TT)
インド	5%	95%
ベトナム	18%	82%【66万店舗】
インドネシア	21%	79%【447万店舗】
フィリピン	27%	73%【80万店舗】
タイ	52%	48%【45万店舗】
マレーシア	59%	41%【20万店舗】
中国	70%	30%

0%　20%　40%　60%　80%　100%

出所：Euromonitor のデータを元にスパイダー・イニシアティブにて推計。

に33,705店舗がIndomaret（インドマレット）とAlfamart（アルファマート）という２社の地場系コンビニエンスストアなのです。ということは、残る主要な近代小売の数は3,000店舗程しかないということです。実に近代小売の９割がインドマレットとアルファマートということなのです。これが何を意味するかおわかりだと思います。どんなに大型のスーパーマーケットやハイパーマーケットであっても、3,000店舗では利益を出すには数が少なすぎます。

またそもそも近代小売の９割を占めるインドマレットやアルファマートとの交渉がどのようなものなのかも容易に想像がつくと思います。彼らはとてつもなく優位な立場で交渉をしてきます。リスティングフィーや棚代、冷蔵/冷凍庫が必要な商品はその利用料、定期的に行われるプロモーションへの参加などなど、1SKU辺りで配荷したい店舗数に乗じて支払わなければなりません。

またそもそも小売側の流通マージンが高いのも特徴です。とにかく頻繁に値引きキャンペーンを行うので、それを行っても小売側に利益が出ることが前提でマージンが設定されています。とにかく売れ行きが悪くなったら「Buy 1 Get One Free（１個買えば１個無料)」の値引きを頻繁に行います。基本的に小売は「売れ行きが悪い ＝ だったら値引きする」という策しか持ち合わせていません。これは決してこの２社に限った話ではなく、またインドネシアに限った話でもなく、ASEAN全体で言えることです。

さらに、返品への対応もしなければなりません。ものにもよりますが、賞味期限が１年程度の商品で普通に３〜５％の返品率には備えが必要です。

もちろん、誰が交渉するかによってリスティングフィーや棚代などの導入費は安くも高くもなります。流通マージンも交渉次第です。値引き合戦もそれ以上に効果のある策の提案次第です。返品率も小売からの注文を巧みにコントロールすることで極力下げることも可能です。しかし、**基本的には、近代小売はお金がかかります。**だからこそ近代小売はある意味でショーウィンドウであると割り切り、実利を447万店の伝統小売で稼ぐという二段構えをしなければ十分な利益は出せないのです。

図表5-4　インドネシアを構成する主な6つの島

▶主要6島をドミナント戦略で考える

　インドネシア市場の攻略を考えた際、やはりここでも市場の選択と集中を行うことが非常に重要です。インドネシアには主となる島が6つ存在します（図表5-4）。1つは首都ジャカルタのあるジャワ島です。2つ目は、ジャワ島の左上、マレーシアやシンガポールと並行して並ぶスマトラ島です。そして3つ目がスマトラ島の右側にあるカリマンタン。その右隣のスラウェシ島。そしてそのさらに右下のパプア島。最後は皆さん観光でご存じのバリ島です。

　これら全ての地域に最初から展開するということは、近代小売の各種フィーや、伝統小売の攻略に必要な経営資源も全ての地域で必要になります。これは相当な投資になります。この20年、何度かのインドネシアブームの波がありました。その度に威勢よくネーションワイドに出て行き、息が続かず縮小、撤退という企業を多く見てきました。近代小売や伝統小売を攻略し消費者にとっての定番商品になるにはそれなりに時間がかかります。まずは市場を選び、その地の攻略に集中し「型」を掴むことに重きを置くことが大切です。

　ではどこの島から展開し始めれば良いのかという議論ですが、一般的には首都ジャカルタがあるジャワ島になります。ジャワ島にはインドネシアで最

も多い人口1,000万人を超える首都ジャカルタに加え、第二の都市スラバヤや第三の都市ブカシもあり、日本の3分の1程の面積に実に1億2,400万人という日本と同じだけの人口がいるのです。これはインドネシアの総人口2億7,600万人の内、45％がジャワ島にいるということになります。当然ながらインドネシアで最も人口の多い島ですし、世界で見ても最も人口の多い島になります。人口とその密度が重要な消費財業界においては申し分ない市場です。

　島の次は州、都市とさらにエリアを絞っていきます。一般的には多くの商品において首都ジャカルタから始めるのが王道になります。理由はやはり圧倒的な人口です。ジャカルタの人口が1,000万人強であるのに対し、2位や3位の都市でもそれぞれ280万人と270万人です。もちろん、100万人、200万人の都市でテストマーケティングをしてからという戦略もありますが、全土への波及効果を考えるとジャカルタを攻略することの意義は大きいと感じます。

　都市をジャカルタに絞ったら、今度は第2章1で解説した通り、近代小売の業態の選択、小売店そのものの選択、そして店舗の選択をターゲットとしているエリアのみにします。そうすることで近代小売の各種費用も最小限に抑えることが可能です。

　さらに、伝統小売に関しても、近代小売の立地に合わせてエリア毎に経営資源を投下していくことで、勝ちパターンの「型」を掴むまでは最小限の投資で済みます。市場をネーションワイドに広げるのは、「型」を掴んでからでも遅くはありません。むしろ、その方が効率的に展開できるのです。

3　主要小売プレイヤー（流通環境）

▶ トップ5小売プレイヤーの紹介

　インドネシアで最も大きな小売はなんと言ってもTRAMSmart Carrefour（トランスマート カルフール）です。トランスマート カルフールは、インドネシアの財閥系企業であるCTコープが2012年にフランス小売大手の

図表5-5　インドネシアの主要小売プレイヤー

主要スーパーマーケット (推計売上規模順)	コンビニエンスストア (店舗数順)
1. TRANSmart Carrefour	1. Indomaret （約18,271店舗）
2. hypermart	2. Alfamart （約15,434店舗）
3. SUPER INDO	3. Alfamidi （約1821店舗）
4. HERO The fresh food people	4. Circle K （約500店舗）
5. LOTTE PT LOTTE INDONESIA	5. FamilyMart （約215店舗）

Carrefour（カルフール）から現地法人であるカルフール・インドネシアを買収し子会社化したもので、会社名はトランスリテール社です。トランスマート カルフールはでインドネシア全土で141店舗展開しています。売上は為替にもよりますが、推定で1,200億円～1,500億円程度で、2位のHypermartの倍以上の規模です。

　2位のHypermart（ハイパーマート）は、インドネシアの小売大手Matahari Putra Prima Tbk PT（マタハリ・プトラ・プリマ社）の運営するスーパーマーケットブランドです。マタハリ・プトラ・プリマは、ハイパーマーケットやスーパーマーケットの形態で事業を行っており、「Hypermart（ハイパーマート）」以外に、「Primo（プリモ）」、「Foodmart（フードマート）」、「Hyfresh（ハイフレッシュ）」、「Boston Health & Beauty（ボストンヘルス＆ビューティ）」、「FMX（フードマックスエキスプレス）」、「SmartClub（スマートクラブ）」のブランドでインドネシア全土で200店舗程度運営しています。

　「Foodmart Fresh（フードフレッシュ）」とプレミアムスーパーの「Foodmart Primo（フードマートプリモ）」の業態を通じて、生鮮食品、ベーカリー、調理済み食品（RTE）、国内外の各種商品に力を入れています。

　「Boston Health & Beauty」は、快適でモダンなヘルスアンドビューティーストアのコンセプトを提供し、一部の店舗では健康相談サービスも行っています。

　「FMX」は、大型の調理済み食品・飲料コーナーと、スナックを中心とし

た食料品の品揃えにも力を入れています。

　これら多くのブランドの中でもHypermartがグループを代表する小売ブランドで、実にマタハリ・プトラ・プリマ社の売上の85％を占めています。インドネシア全土で100店舗程を展開し、売上は推定で600億円程度です。

　3位はSuperindo（スーパーインド）です。スーパーインドは、ライオンスーパーインド社が運営するスーパーマーケットブランドで、スーパーマーケットでは最も店舗数の多い186店舗程をジャワ島中心に展開しています。ジャカルタに行ったことのある方であれば、ライオンの下にSUPER INDOと書かれた特徴的な看板を見たことがあるのではないでしょうか。スーパーインド社はインドネシア大手財閥サリムグループの傘下です。

　4位がインドネシアで87店舗を展開するGiant（ジャイアント）だったのですが、ジャイアントはパンデミックによる収益力低下を理由に2021年7月末までに全ての店舗を閉鎖しています。ジャイアントは、インドネシア小売大手PT Hero Supermarket Tbk（ヘロースーパーマーケット社）の小売ブランドで、元々はマレーシアで成功していた小売です（現在でもマレーシアでは大手小売チェーンとして存在しています）。それを2000年台前半にヘロースーパーマーケット社がインドネシアでスタートし成功させてきました。ヘロースーパーマーケット社は、社名と同じHero Supermarket（ヘロースーパーマーケット）と日本でもお馴染みのIKEA（イケア）、そして、300店舗近くを展開するドラッグストアのGuardian（ガーディアン）を展開しています。今後は、この3小売ブランドの展開に集中をしていく模様です。今回のパンデミックで閉鎖された一部のジャイアント店舗は既にヘロースーパーマーケットやIKEAに代わっています。

　次は5位のLOTTE Mart（ロッテマート）です。ロッテマートはLOTTE Mart Mall（ロッテマートモール）とLOTTE Mart Grosir（ロッテマートグロシール）の2業態で、インドネシア全土で40店舗程を展開しています。ロッテマートモールはその名の通りモールで、ロッテマートグロシールはホールセールになります。Grosir（グロシール）とはインドネシア語で、意味は問屋や卸売、ホールセールとなります。したがって、ロッテマートグロシー

ルの業態としては、日本でも馴染みのある業務用スーパーマーケットのコストコのような業態です。

▶コンビニエンスストアの紹介

　さて、それでは今度はコンビニエンスストアの話です。インドネシアのコンビニエンスストアの最大の特徴は、圧倒的な２強体制であるということです。店舗数１位は、18,271店舗を誇るIndomaret（インドマレット）で、２位は15,434店舗のAlfamart（アルファマート）です。サークルＫやファミリーマートが数百店舗なのでその差は明らかです。またセブン‐イレブンは2017年に撤退しています。

　近年、アルファマートは若干苦戦しているようにも見受けられますが、これら２社の圧倒的な強さは、もちろん、高いマーケティング力もさることながら、地場系企業であるということは１つの大きな要因になっています。インドネシアには、まだまだ地場産業を守るという観点から多くの外資規制が存在し、小売業界も例外ではありません。例えば、店舗面積が400㎡以下の小規模な小売への外資参入は原則禁止されています。したがって、外資系が現地企業とライセンス契約を結び、現地企業が多店舗展開をしたり、またイートインコーナーを設けてレストランとして営業許可を取得したりと様々な弊害が存在します。さらに、店舗の設備の一定割合を現地企業から調達する必要があったり、販売する商品の一定割合にもそのような規制が存在します。

　また、これは外資系に限らない規制ですが、小規模小売店舗ではお酒の販売が禁止されています。外資規制以外にも、地場の伝統小売（TT）や伝統小売へ配荷する問屋を保護する目的から、出店できない地域なども存在します。インドネシアの伝統小売は447万店存在し、その数十パーセント程度存在する問屋も合わせると軽く500万を超える小規模事業者とその家族の生活が支えられています。外資や大規模事業者に規制をかけずに好き放題市場を急速に近代化させれば、当然、多くの人が職を失い混乱を招くことにもなりかねません。行政府の立場からすれば、必ずしも市場の近代的な発展が常に良いわけではなく、その発展スピードが重要だったりもするのです。

　このような様々な規制の中で、世の中のデジタル化が進めば、伝統小売自身がデジタル武装をし、コンビニエンスストアよりもさらに小回りの利く便利な新しい小売形態として成長していくかもしれません。第3章5で説明した通り、中央集権型のフランチャイズというビジネスモデルよりも、伝統小売それぞれがデジタル化し、分散型で進化していくのがこれからの新しい小規模小売の形かもしれません。この答えはまだ出ていません。ただ1つ言えることは、どちらが500万の小規模事業者にとって幸せかということだと思います。今後のコンビニエンスストアの発展からは目が離せません。

▶近代小売市場に関する考察

　インドネシアの近代小売（MT）ではミニスーパー（食品専門店舗を含む）の人気が高くなっています。近年、スーパーマーケットやハイパーマーケットを展開する小売企業はコンビニエンスストアとの競争を意識し、消費者の居住地近くに小規模店舗を積極的に展開させています。例えば、Supra Boga Lestari（スープラ・ボガ・レスタリ）がDay2 Day（デイツーデイ）というミニスーパーを展開したり、Matahari Putra Prima（マタハリ・プトラ・プリマ）がHyfresh（ハイフレッシュ）というミニスーパーを展開しています。さらにジャカルタ、バンドン、スラバヤなどの大都市では、果物、肉、シーフード、オーガニック製品、高級鶏肉製品など、特定の製品カテゴリに焦点を当てた高品質の輸入製品を提供するような食品専門のミニスーパーも中高年の富裕層をターゲットに登場しています。

　ミニスーパーは生鮮品や冷凍商品を充実させることでコンビニへの優位性をアピールしていますが、それに伴い冷凍食品や生鮮食品の流通（コールド＆チルドチェーン）の充実が求められています。

　こうした傾向はパンデミックのロックダウンなどでさらに顕著となり、コンビニエンスストア業界でも、インドマレットやファミリーマートなどは、新鮮な果物をOn-The-Goパッケージの形で販売し始めました。

　コンビニエンスストアは引き続き最も急成長している食料品小売セグメントであり、ここ数年、年平均で1,000店舗程増加しており、この傾向はしば

らく続くと思われます。ただ、やはり成長の大半は、シェアの9割以上を握るインドマレットとアルファマートの2社であり、日系を含む外資は苦戦を強いられています。インドマレットやアルファマートは、日用品や食料品、軽食に重点を置き、全国に大規模なネットワークを構築して広範囲に展開し、既に多くの消費者に支持されています。その差を埋めるには、外資規制や近代小売規制を掻い潜るだけでなく、独自の付加価値をしっかりと市場に理解してもらわなければなりません。

　さらにコンビニエンスストアには、ミニマートや伝統小売との戦いも待っており、今後は今まで通りの成長曲線が描きにくいかもしれません。コンビニエンスストアにとっても新たな時代に突入したと言えるでしょう。

▶伝統小売市場に関する考察

　伝統小売市場に関してやはり最も気になるのは、今後どの程度影響力を持ち市場に存在し続けるのかということだと思います。現状では、近代小売の36,800店に対して、伝統小売は447万店存在し、市場の大半を握る伝統小売の攻略なくしてインドネシアで高いシェアや大きな利益を上げることは不可能です。しかし、いずれ伝統小売は淘汰され現在の近代小売だけで十分に高いシェアや利益を上げられる世界が来ると考えている人は少なくないのではないでしょうか。本当にそうなのか、数字で見ていきたいと思います。

　図表5-6は、インドネシアにおける伝統小売と近代小売の2015年から2020年にかけての店舗数の増減を示したものです。コンビニエンスストアはこの

図表5-6　インドネシアにおける伝統小売と近代小売の店舗数の増減

	2015	2016	2017	2018	2019	2020
伝統小売	4,593,483	4,589,788	4,574,208	4,546,222	4,512,891	4,474,316
コンビニエンスストア	26,102	29,142	31,460	32,701	34,715	36,146
スーパーマーケット	1,319	1,341	1,377	1,400	1,428	1,457
ハイパーマッケット	299	314	333	330	336	337
ガソリンスタンド売店	550	611	651	685	728	730

出所：Euromonitor のデータを元にスパイダー・イニシアティブにて作成。

5年間で年平均約2,000店舗増えています。スーパーマーケットも年平均約28店舗増やし、ハイパーマーケットは年平均8店舗、そしてガソリンスタンドなどに併設されている売店も年平均36店舗増やしています。

　一方で、伝統小売はこの間、毎年平均で24,000店舗程度減少しています。これだけを見るとやはり伝統小売は淘汰され近代小売がそれに置き換わると考えがちですが、もう少し具体的に数字を見ていきましょう。確かに、伝統小売は減少傾向にあり、近代小売は増加傾向にあるのは間違いありません。だからといって伝統小売が淘汰され、近代小売に置き換わるとは言い切れません。

　伝統小売は国や都市の近代化によって減少傾向にあることは間違いないのです。しかし、重要なのはそのスピードです。現在、447万店ある伝統小売が年平均24,000店舗のペースで減少していくといったい何年後に全ての伝統小売がなくなることになるでしょうか。186年後です。仮に2倍のスピードで減少しても93年後です。3倍のスピードで減少しても62年後です。これだけ長きにわたり存続し続ける可能性のある伝統小売を重要視しない手はありません。

　またこの長い年月の間に世の中のデジタル化はさらに進み、今ですら伝統小売は徐々にデジタル武装を始めているのに、近い将来、生き残った伝統小売はデジタル武装により近代小売よりも便利な存在になっているかもしれません。また大手プラットフォーマーが運営するEコマースだけでなく、デジタル武装した伝統小売がシェアリングエコノミーでデリバリーまで行う地域に密着したEコマース機能を発展させるかもしれません。

　したがって、伝統小売が現在存在する近代小売やEコマースによって淘汰されるということよりも、伝統小売自身がデジタル武装をすることで新たな種類の近代的な伝統小売にトランスフォームする可能性も想定しておかなければなりません。私は、恐らく、相当数の伝統小売はデジタル武装することで生き残り、大きな影響力を引き続き市場で保ち続けると考えています。

4　主要ディストリビューター（流通環境）

▶主要ディストリビューターの紹介

　まずは、第4章4のベトナムの主要ディストリビューターでも紹介した外資のDKSH社です。2007年にインドネシアに進出し、現在全土に6つの支店と69カ所の物流拠点を持ち、1,800人以上が働いています。飲料では米Coca-ColaやSprite、食品では、コーンスターチや、スパゲッティ、スキンケアでは、カラミンローションなどを取り扱っています。インドネシア全土に配荷可能です。

　Tiga Raksa Satria（ティガ・ラクサ・サトリア）社もまた主要なディストリビューターの1つです。Tiga Raksa Satria社の歴史は長く、輸出商社として1919年に設立されました。1960年代には、消費財の輸入を始めました。そして、1988年から消費財ドメインでのディストリビューションを開始しました。自社の生産工場を持ちOEMを行っています。また、消費財のディストリビューション以外にもLPGガスの供給やそれに伴うキッチン家電の販売も行っています。1990年にインドネシア証券取引所に上場、従業員数は1,700人程度です。

　全国に4カ所の自社倉庫を持ち、34カ所に2次卸の倉庫を保有しています。330台の配送車を保有、また、85社の2次卸ネットワークも持ちインドネシア全土に配荷可能です。

　取扱ブランドは、子供用栄養製品に強く、瑞ネスレのWyeth Nutritionや仏ダノンのNUTRICAなどを取り扱っています。食品、飲料、菓子の分野では、米MarsやインドネシアのYupi、シンガポールのF&Nなどを取り扱っています。オーラルケア製品では、米ColgateやインドネシアのGalenium、また数多くの冷凍冷蔵食品も取り扱っています。

　Catur Sentosa Adiprana（カトゥル・セントーサ・アディプラナ）社も大手です。設立は1983年で、現在では3,300人の従業員を抱えています。自社の倉庫面積は40,000㎡で、300台以上の自社配送車を保有し、80社程の2次

卸をネットワークしています。また60店舗程の小売店も経営しています。2007年にインドネシア証券取引所に上場しています。

　取扱ブランドは米P&Gや米Johnson&Johnson、米Kraft Heinz、米Mondelezなど錚々たるグローバルブランドです。ASEANではポッキーで有名な日本のグリコも取り扱っています。

　次は、Arta Boga Cemerlang（アータ・ボガ・セマラング）社です。1985年に設立され、従業員は2,000人以上、物流拠点は105カ所、2次卸24社をネットワークしています。取扱製品はインドネシアメーカーの製品や、インドネシア企業が日本のハウス食品との協業で製造しているYou C-1000（日本で言うところのC-1000）、豪Red Bullなどを取り扱っています。菓子系の取扱いが中心です。

　最後は、Sukanda Djaya（スカンダ・ジャヤ）社です。1974年にAmatil（アマティル）社とシンガポールの大手小売Cold Storage社との合弁で設立されました。18,000パレットを収容できる14,000㎡の倉庫を1カ所保有し、全国に21社の2次卸をネットワークしています。900台の自社配送車を持ち、取扱品目は5,000SKU以上に及びます。インドネシア最大の冷蔵食品及び、飲料のディストリビューターで、冷凍、冷蔵、乳製品、飲料、乾燥食品の主要な輸入業社でもあります。インドネシアで唯一、全国に完全な冷蔵流通ができるディストリビューターです。

▶ ディストリビューターの特徴

　インドネシアの主要なディストリビューターの特徴としては、VIPの中でも、比較的規模が大きく、ビジネスの進め方においても先進的な企業が多い印象です。ディストリビューターの主な業務はセールスとデリバリーであるという認識もあり、ある程度任せられる存在です。一方で、ディストリビューターのマージンが高めで、マージン交渉で苦労する日本企業は少なくありません。

　ディストリビューターの多くは、基本的には伝統小売（TT）が主たる販売チャネルであり、伝統小売に強いディストリビューターが上位を占めてい

ます。先にご紹介した5社などは、伝統小売で数十万店に及ぶ間口を保有しています。

　また、インドネシアは主島だけでも6つ存在し、国内であっても海を越える物流が必要になってくるため、各社ともに数十社の2次卸をネットワークすることで広域をカバーできる体制を整えています。

　これら伝統小売を主戦場とするディストリビューターは、どこも数千人レベルで人材を雇用しており、彼らの効率が業績に大きく影響を及ぼすため、GPSやタブレット、スマートフォンといったデジタル機器を導入し、できる限り効率的な営業報告や商品の配達、代金回収を行うように努めています。しかしながら、根本的には伝統小売自体がスマートフォンで注文や決済ができ、数日内にデリバリーがされるレベルまでいかないと、ディストリビューターが現状のデジタル機器を使った人海戦術の領域からは抜け出すことはできません。

　総じて、プリンシプル側（メーカー側）がターゲットを明確にし、4Cの内の「Customer Value」と「Cost」、そして「Communication」を最適化できれば、ディストリビューターが大きく関わる「Convenience」は、ある程度、ディストリビューター主導でも十分配荷は進む国です。ただし、良いディストリビューターは既に椅子取り合戦状態で、既に競合などの商品を担いでいるケースが多々ありますので、そこを含めてどうパズル合わせを行いディストリビューターの選定を行うかが重要になります。

5　販売チャネル戦略

▶ 中間層の支持を得るためにはハラルを取得する

　インドネシア市場における販売チャネル戦略を考える際に重要なことは、下記の3つあります。

　1）ハラル
　2）伝統小売
　3）ディストリビューション・ネットワーク

　まずは、ハラルについてです。やはりインドネシアで高いシェアを上げようと思うと、どうしても必須となるのがハラルの取得で、インドネシアが他のVIPと大きく異なるのはこの部分です。

　例えば、ハラル認証が不要な国々では、販売と生産をある程度切り離して物事を考えることができますが、インドネシアの場合、販売を考えると同時に、もしくは、その前に生産を考えなければならず、販売チャネル戦略と生産が表裏一体であるという難しさです。どれだけ優れた販売チャネルを作ろうとも、ハラル認証がない商品はインドネシアの中間層の手には取られません。日本では不衛生なものは消費者の手に取られないのと同じぐらいの感覚で、ハラル認証のないものはインドネシアの人達の手に取られないのです。

　実際に、小売のいずれのカテゴリーにおいても、ハラル認証のない商品が売上の上位にくることはありません。上位どころか中位や下位にも入りません。スポット的な販売か、もしくは日本人や外国人を狙った商品として部分的に導入されるだけに留まります。そもそもハラル認証のない商品は、中間流通も小売流通も取り扱いをしたがりませんので、その時点で販売チャネル云々の話ではなくなってくるのです。

　確かに、慣れない日本企業からしたらハラルの問題は少々面倒かもしれません。しかし、インドネシアはASEAN6の中でも3億人弱という最も大きな人口を抱え、今後のさらなる成長も見込まれたポテンシャルの高い国です。近代小売の数は36,800店、伝統小売は447万店とASEAN6の中で最多であり、現在も今後もASEAN最大の市場です。これらの市場性を加味すれば、ハラル認証の多少の手間を考慮しても十分に投資効率の良い市場であることがおわかりいただけると思います。重要なのは、製販一体で考える腰を据えた戦略が必要だということです。

▶伝統小売を攻略するための販売チャネルを構築する

　2つ目の伝統小売に関してですが、インドネシアでも、ベトナム同様に伝統小売を攻略するための販売チャネルを構築しなければなりません。

ASEAN6で圧倒的に多い447万店も存在する伝統小売の攻略なくしてシェアも利益もありません。インドネシアでは、まだまだ大半の人達が伝統小売で買い物をし、伝統小売は人々の生活に深く入り込んでいます。ASEANで最も伝統小売と消費者の関係が密接だと言っても過言ではないと思います。

　仮に、Transmart Carrefour（トランスマートカルフール）、Hypermart（ハイパーマート）、Superindo（スーパーインド）、Hero（ヘロー）、LOTTE Mart（ロッテマート）などのスーパーマーケットや、インドマレットとアルファマートのコンビニエンスストアに商品を並べても、リスティングフィーや棚代などの導入費が嵩み大きな利益を出すのは困難です。しかも、これら近代小売の店舗数を全て足しても36,800店ですので、店舗数の観点から見ても不十分であることがわかります。さらに、その内33,700店あまりは、インドマレットとアルファマートです。実に近代小売の9割以上を持つこの2社の交渉力がどれ程のものか想像に容易いと思います。

　一方で、伝統小売は447万店存在し、いずれのカテゴリーにおいても、高いシェアを上げている企業は伝統小売におけるシェアも高く、このことに例外はありません。インドネシアでは、伝統小売で売れていないのにシェアが高いという状況は存在し得ないのです。もっというと、近代小売だけでは利益を出すことすら難しいのです。少なくとも、図表5-7の通り、ある一定度の伝統小売における間口を持たなければシェアや利益を確保するレベルまでは行けないのです。

　これが将来にわたってどうなのかという議論に関しても、先に数字を使って解説した通り、伝統小売が消滅するにはあまりに多くの時間が必要です。また、そもそも伝統小売を保護する様々な政策が採られており、近代小売の急激すぎる発展を政府は望んでいないのです。

　このような観点から、インドネシア市場において、ある程度のシェアを確保し、それなりの規模で事業を行おうとすると、肝は伝統小売の攻略に他ならないのです。そして、このことは、今後も暫く続くと言っても間違いではないでしょう。

図表5-7　損益分岐するポイント

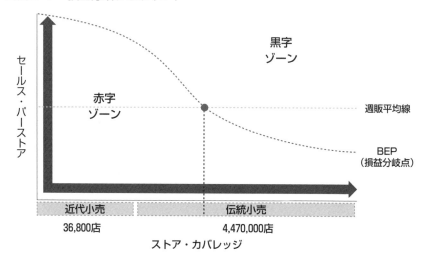

▶ディストリビューション・ネットワークが独自の「型」となる

　3つ目のディストリビューション・ネットワークに関してですが、これは先で解説した伝統小売の攻略をどう行うかの方法論を指しています。

　インドネシアの伝統小売の数は、ベトナムの66万店や、フィリピンの80万店とは桁が違います。これらを自社のセールスだけ、数社程度のディストリビューターだけ攻略するのは不可能です。重要なのは、いかに網羅的にディストリビューターをネットワーク化して、1つの大きなディストリビューション・ネットワークを作るかです。

　事実、先にご紹介した6社の主要なディストリビューター全てが、自社の支店以外に、各島、各地で2次卸を数十社活用し、自身のネットワークとしてディストリビューション可能な範囲を広めています。つまりは、ディストリビューターの生命線も、自社だけの配荷力だけでなく、ディストリビューション・ネットワークなのです。これは大小合わせて1万7,500以上の島を持つインドネシア特有の地理的条件下での特徴的な事情です。

　インドネシアで高いシェアを持つメーカーは、1社の例外もなく、最適化されたディストリビューション・ネットワークを持っています。通常、近代

小売（MT）は自社で対応し、伝統小売（TT）市場では地域別にディスト
リビューション・ネットワークを持つディストリビューターを活用していま
す。2次卸まで合わせると、数十社のディストリビューターを活用している
ことになります。それらのディストリビューターの多くは、首都ジャカルタ
に本社があり、主要6島に自社の支店と数十社の2次卸を抱えている構造に
なります。もちろん、ディストリビューターによってはそれぞれの地域で強
弱があるので、地域別に数社のディストリビューターと彼らの持つディスト
リビューション・ネットワークを活用するケースもあります。

　では、このディストリビューターの持つ2次卸のネットワークをメーカー
自前で構築するかということに関しては、なくはないですが、あまり効率の
良い方法ではないかもしれません。確かに、自前で構築すれば流通マージン
を下げることはできますが、構築するために必要な労力や時間、そして資金
を考えるとそれなりのものになります。また、その自前で構築した2次卸ネ
ットワークが高いパフォーマンスを発揮するためには、一定のSKU程度は
ないとなりません。せっかく自前で構築しても、そこを流れるSKUが少な
ければ構築にかかった投資回収のROI(Return on Investment – 投資利益率)
は悪くなりますし、2次卸も他の商品の方が重要になるので、2次卸ネット
ワークの強度も弱くなります。したがって、この点に関しては、内製化をす
るのであれば、自社の状況に合わせ徐々に行っていくというのが最適です。

　このようにインドネシアにおける販売チャネルは、どのようにディストリ
ビューション・ネットワークを構築し、それを自社の販売チャネルの「型」
として強化していけるかが重要なのです。

第 **6** 章

フィリピン

1 基本情報

▶一般情報

面積：298,170平方キロメートル（日本の約8割）。7,641の島々がある。

人口：1億903万5,343人（2020年フィリピン国勢調査）

> （注）　5年毎の改訂：世銀等による毎年の発表は推計であり、当省としては、先方政
> 府発表に依拠。

首都：マニラ（首都圏人口約1,348万人）（2020年フィリピン国勢調査）

民族：マレー系が主体。他に中国系、スペイン系及び少数民族がいる。

言語：（国語）フィリピノ語、（公用語）フィリピノ語及び英語。180以上の
言語がある。

宗教：ASEAN唯一のキリスト教国。国民の83％がカトリック、その他のキ
リスト教が10％。イスラム教は5％（ミンダナオではイスラム教徒が
人口の2割以上）。

平均寿命：男性67.4歳、女性73.6歳（2019年世界保健機関）

識字率：96.3％（2019年国連教育科学文化機関）

▶政治体制

政体：共和制

元首：フェルディナンド・マルコス大統領

議会：二院制

上院24議席：任期6年、連続三選禁止

下院311議席：任期3年、連続四選禁止

▶ 経済

主要産業（2021年フィリピン国家統計局）：

　ビジネス・プロセス・アウトソーシング（BPO）産業を含むサービス業（GDP
　の約6割）、鉱工業（GDPの約3割）、農林水産業（GDPの約1割）

名目GDP（IMF）：

年度	2012	2013	2014	2015	2016
GDP（億米ドル）	2,619	2,839	2,975	3,064	3,186
年度	2017	2018	2019	2020	2021
GDP（億米ドル）	3,285	3,468	3,768	3,615	3,936

一人当たり名目GDP（IMF）：

年度	2012	2013	2014	2015	2016
一人当たりGDP（米ドル）	2,721	2,903	2,996	3,039	3,108
年度	2017	2018	2019	2020	2021
一人当たりGDP（米ドル）	3,153	3,280	3,512	3,323	3,572

実質経済成長率（フィリピン国家統計局）：

年度	2012	2013	2014	2015	2016
経済成長率（%）	6.9	6.8	6.3	6.3	7.1
年度	2017	2018	2019	2020	2021
経済成長率（%）	6.9	6.3	6.1	−9.5	5.7

物価上昇率（フィリピン国家統計局）：

年度	2012	2013	2014	2015	2016
物価上昇率（%）	3.2	2.6	3.6	0.7	1.3
年度	2017	2018	2019	2020	2021
物価上昇率（%）	2.9	5.2	2.4	2.4	3.9

失業率（フィリピン国家統計局）：

年度	2012	2013	2014	2015	2016
失業率（%）	7.0	7.1	6.6	6.3	5.5

年度	2017	2018	2019	2020	2021
失業率（％）	5.7	5.3	5.1	10.3	7.8

総貿易額（フィリピン国家統計局、FOBベース）：

年度	2012	2013	2014	2015	2016
⑴輸出（億米ドル）	521.0	567.0	621.0	588.3	574.1
⑵輸入（億米ドル）	621.3	624.1	654.0	710.7	841.1
年度	2017	2018	2019	2020	2021
⑴輸出（億米ドル）	687.1	693.7	709.2	652.1	746.5
⑵輸入（億米ドル）	960.9	1,128.4	1,115.9	898.1	1,178.8

貿易品目（フィリピン国家統計局）：
　　1）輸出：電子・電気機器（半導体が大半を占める）、輸送用機器等
　　2）輸入：原料・中間財（化学製品等の半加工品が大部分）、資本財（通
　　　　　　信機器、電子機器等が大部分）、燃料（原油等）、消費財
貿易相手国・地域（2022年フィリピン国家統計局）：
　　1）輸出：米国（15.7％）、日本（14.1％）、中国（13.9％）
　　2）輸入：中国（20.6％）、インドネシア（9.6％）、日本（9.0％）
通貨：ペソ（Peso）

▶ 経済協力

日本の援助実績：
　　1）円借款　3兆3,725.49億円（2020年までの累計。内2020年度2,540.55億円）
　　2）無償資金協力　3,068.16億円（2020年までの累計。内2020年度36.93億円）
　　3）技術協力実績　2,657.97億円（2020年までの累計。内2020年度54.54億円）
　　（注）1）は借款契約ベース、2）は交換公文ベース、3）は予算年度の経費実績ベース。
　　（注）2018年度実績には米ドル建て借款1件（当時の時勢レートで円貨換算）を含む。

主要援助国実績（2019年OECD/DAC統計、支出総額ベース）：
　　日本：1,000.40百万ドル、米国：145.99百万ドル、韓国：76.34百万ドル
　　その他：対フィリピン援助額は日本二国間ODAの累計では対インド、対バ

ングラデシュに次いで第3位（2021年支出総額ベース、2021年の日本の支出総額ベースのODA実績は1,175.06百万ドル：OECDデータベース）。また、日本はフィリピンにとって最大の援助供与国。

▶ 二国間関係

経済関係：

1）日本の対フィリピン貿易

　ア）貿易品目（2021年財務省貿易統計）

　　　フィリピンへの輸出：機械機器、金属品、化学品

　　　フィリピンからの輸入：機械機器、食料品及び動植物生産品、金属原料

　イ）貿易額（財務省貿易統計、億円）

年度	2012	2013	2014	2015	2016
フィリピンへの輸出（億円）	9,458	9,445	10,461	11,480	11,230
フィリピンからの輸入（億円）	7,455	9,011	10,763	10,738	9,892
我が国の対フィリピン貿易の収支（億円）	+2,003	+434	+302	+742	+1,338
年度	2017	2018	2019	2020	2021
フィリピンへの輸出（億円）	12,480	12,431	11,612	9,396	12,197
フィリピンからの輸入（億円）	10,961	11,524	11,561	9,976	11,922
我が国の対フィリピン貿易の収支（億円）	+1,519	+907	+51	−22	+274

2）日本の対フィリピン直接投資（フィリピン国家統計局、億ペソ）

2012年	2013年	2014年	2015年	2016年
690	448	357	547	271
2017年	2018年	2019年	2020年	2021年
320	197	199	94	245

在留邦人数：15,728人（2021年12月時点、在留届ベース海外在留邦人数調査統計（2021年版））

在日フィリピン人数：276,615人（全体の10.0%。国籍（出身地）別で、中国、韓国、ベトナムに次いで第4位）（2021年末、法務省統計）

（注）　上記「1　基本情報」は外務省HPを元にしている。

2　市場の特徴（市場環境）

▶80万店の伝統小売なくしてシェアなし

　フィリピンの小売市場規模は、20.9兆円で、ASEAN6で3番目に大きな市場です。そして、その市場の大半は、3社の財閥系小売グループと、「サリサリストア」と呼ばれる80万店の伝統小売で形成されています。

　フィリピンでは、伝統小売のことを「Sari Sari Store」、通称「SSS」や、「サリサリ」と言います。VIPの一角を担うフィリピンもまた伝統小売主導の市場であり、伝統小売の攻略なくして高いシェアを得ることは不可能な市場です。

　図表6-2の通り、フィリピンの主要な近代小売の数も9,400店程度で十分な数とは言えません。対して、伝統小売は80万店も存在します。メトロマニラの中心部に行くと、伝統小売はほぼ見られず、華やかなモールや複合施設などの近代小売ばかりが目につきます。しかし、中心部から少し離れれば数多くの伝統小売を目にします。特に住宅街の中には多くの伝統小売があり、私達があまり足を運ばないところにこそ伝統小売は多くあるのです。

図表6-1　フィリピンの小売市場規模（2022年）

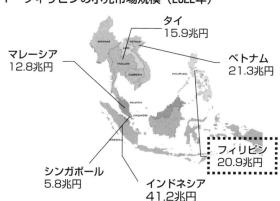

注：US1ドル＝136円で換算。
出所：Euromonitor、及び各国政府発表のデータを元にスパイダー・イニシアティブにて推計。

図表6-2　フィリピンの小売市場

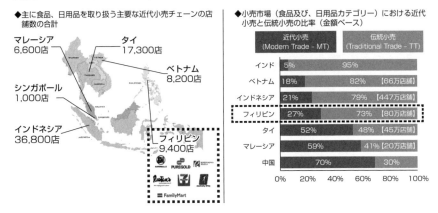

出所：Euromonitor のデータを元にスパイダー・イニシアティブにて推計。

　フィリピン市場で高いシェアを誇る企業もまた１社の例外もなく近代小売と伝統小売両方のストア・カバレッジが高く、シェアの上がらない企業の課題は伝統小売の攻略で、攻略するための販売チャネルの構築に各社試行錯誤している状況です。理由はいくつかありますが、その１つにフィリピンもインドネシア同様に多くの島で形成されているという点があります。主要島は図表6-3の通り首都メトロマニラがあるルソン島、セブ島で有名な、小さな島の集合体に囲まれたビサヤス島、そして、一番南に位置するミンダナオ島の３島になります。市場の大きさもこの順になります。

　このような地理的条件下で強固な販売チャネルを構築するということは、やはりディストリビューターの選定もさることながら、ディストリビューション・ネットワークを構築していかなければなりません。インドネシア程複雑なものではないにしろ、ディストリビューターをネットワーク化していかないとなかなか広域に広がる主要都市をカバーすることはできません。

　もう１つ、他のASEANと異なるのは、消費者の多くが米国に強く影響を受けているという点です。もっというと、彼らの選択肢の最初にくるのは日本ではなく、米国企業の商品であるということです。なぜ米国の影響を強く受けているのかにはいくつかの理由がありますが、最も大きいのは言語です。

図表6-3　フィリピンを構成する主な3つの島

フィリピン人はタガログ語という彼らの言葉の他に英語も話します。実際に英語はタガログ語と合わせてフィリピンの公用語になっています。

　したがって、インターネットや雑誌、本などを通じて英語で情報を収集しますので、当然ながら米国の影響を強く受けるわけです。例えば、好きな歌手やセレブリティを取っても、日本よりも米国の情報の方が多く入ってきますので、その影響を強く受けます。日常の習慣や文化などでも大きな影響を受けており彼らの豊かな生活の憧れの先には日本よりも米国が存在しています。結果、お菓子ひとつ取っても、米国のお菓子の方が親しみやすいし、歯ブラシや歯磨き粉、ヘアケア製品やスキンケア製品など何を取っても同じことです。そういう意味では米国がファーストで日本はセカンドの選択肢になっており、他のASEANとは少々異なる市場であることも理解をしなければなりません。

▶ 近代小売と伝統小売の密接な関係

　フィリピンの近代小売と伝統小売には、他のASEAN諸国以上に密接な関係があります。まずは、他のASEAN諸国同様に、近代小売で売れ筋の商品は、伝統小売オーナーも自分の店に置きたがります。そして伝統小売のスト

ア・カバレッジが高い商品は近代小売でも一定の評価を受け、レジ前やコーナーなど、近代小売の店舗内でも人目につきやすい場所を好条件で確保することが可能になります。ここまではASEAN市場ではさほど特殊なことではありません。

　特徴的なのは、これら一部の近代小売が伝統小売（サリサリ）に対する問屋機能を担っているという点です。もっとわかりやすく言うと、伝統小売のオーナーが、商品の仕入れを近代小売で行うのです。日本で例えるなら、駄菓子屋のおばあちゃんが、イオンで商品を仕入れて自分の店で売る感じなので、非常に特殊な商業文化だということがおわかりいただけると思います。実際には、小さな伝統小売のオーナーが、それぞれ近代小売で商品を仕入れるケースもあれば、地域一番店が代表して近代小売へ行き商品を仕入れるケースもあります。

　フィリピンの3大近代小売グループは、SM、PUREGOLD（ピュアゴールド）、Robinsons（ロビンソンズ）です。この中でもピュアゴールドが、「ALING PURING（アリンプリン）」という伝統小売のオーナー向けのプログラムを設けていて、伝統小売で売れ筋の商品がまとめ買いできたり、割引があったりと、伝統小売オーナーにとって充実したものになっています。また、伝統小売が多い地域では、店内には伝統小売オーナー向けの商品棚が用意されており、伝統小売のオーナーは、これらのレーンで必要な商品を全て仕入れることができるのです。これらのレーンに陳列されている商品は皆、数や容量が多いのです。伝統小売のオーナーは、これらをバラにして1個単位で、10～15％程度のマージンを上乗せして売るわけです。

　ここで1つの疑問が皆さんの頭をよぎったのではないでしょうか。近代小売で買った商品に上乗せして伝統小売で売るのであれば、近代小売よりも伝統小売の方が高いのではないかという疑問です。それにもかかわらずなぜ消費者は伝統小売で商品を買うのでしょうか。つまりは、ピュアゴールドで買った方が安いはずなのに、なぜサリサリで買う人がいるのかということです。消費者にとっては、ピュアゴールドで買った方が総額では安く済むわけですが、場合によっては、彼らは高くてもサリサリで1個単位、もしくは少量で

買うことを選びます。なぜなら、フィリピンに限らず特にVIPの人々にとって最も重要なことは、個人や家庭におけるキャッシュフローだからです。私達日本人はシャンプーやお菓子などの消費財はまとめて買い、「トータルで安く買えた方が良い」と考えるでしょう。多くの人はシャンプーやボディーソープ、歯磨き粉などを洗面台の下に、今、使っているものが切れた際の予備として置いているのではないでしょうか。今、使っているものを使いきるのは3カ月先で、予備を使いきるのは半年先であっても、なくなった時にないと困るから、また買いに行くのは面倒だからと予備まで買っておくのが私達日本人の一般的な感覚ではないでしょうか。

　一方で、フィリピンは2050年度までにASEANで最も成長する国だと言われてはいるものの、現在ではまだお給料日が月に2回ある企業も珍しくはありません。お金が入ってきては直ぐに出て行くという生活の中で、何カ月も先に使うためのシャンプーを今買うというような余裕はないのです。別に毎日シャンプーしなくてもいいし、必要な時に使うための1回分ずつ小分けになった最低限の量の商品を買いたい人もまだまだ多くいます。昭和初期の日本人が毎日お風呂に入らなかったのと同じです。つまり、フィリピンの中間層にとって、なんでも小分けで買える伝統小売は必要不可欠な存在なのです。そしてそこへ商品が流れる1つの流通経路になっているのがピュアゴールドの「アリンプリン」プログラムなのです。

　欧米の先進グローバル消費財メーカーや、ローカルのメジャーな消費財メーカーの多くは、必ずピュアゴールドを確実におさえています。しかし日本の消費財メーカーの商品はほとんど置かれていません。置かれていても、サリサリに流れるような棚とは対極の輸入品棚（外国製の高い商品が中心の棚）が中心です。日本企業はここでも伝統小売に商品を流す大きなチャネルを活用しきれていないのです。

▶「地域一番店的店舗」をおさえることが鍵

　「地域一番店的店舗」とは、1ブロック、2ブロック程度の限られた町内で、最も精力的に商売を行っている伝統小売のことです。厳密に売上が一番だと

か利益が一番である必要はありません。町内で目立った存在である伝統小売です。この地域一番店的店舗の見分け方は、もちろん地域によって若干の差はありますが、傾向としてはパッと見で伝統小売のわりに店舗面積が大きく、最低でも横5〜10メートル、奥行き5〜10メートル程度の場合が多いです。そして、店番の子が少なくとも2〜3人はいます。また、店先に吊り下げられているスナック菓子などの大半が、1種類で10袋、20袋が1つの大きな透明の袋に入って何個も置かれています。

　また、携帯のSIMカードを売っているような店も地域一番店の特徴です。フィリピンのSIMカードはプリペイド式が多く、ある程度の資金力と信用力のある伝統小売でないとSIMカードの取り扱いはできません。また、これら地域一番店的な伝統小売は、他の消費財と比較して極端に賞味期限が短い卵やパンなどを取り扱っているケースもあります。賞味期限が短いモノは、売れなかったら全て無駄になるため、地域でしっかりと顧客基盤を持っていないとなかなか取り扱いにくい商材なのです。

　さらに、コカ・コーラなどのロゴが入った大きな冷蔵庫や、ユニリーバやネスレのアイスクリーム用の大きな横長の冷凍庫などが何台も設置してあれば、そこは地域一番店クラスです。これら冷蔵庫や冷凍庫はメーカーから無料で提供されるもので、メーカー側も売れる店にしか提供しません。また、例えば、コカ・コーラの冷蔵庫の中身にも注目してください。中身が全てコカ・コーラ1社の製品で詰められていれば、この店にはコカ・コーラの現地ディストリビューターの担当者が頻繁に来ている証拠です。つまりは、コカ・コーラ側から重要視されている伝統小売になります。そうでない場合、コカ・コーラ社の製品以外のものがコカ・コーラの冷蔵庫で冷やされていたりします。

　アイスクリームも同じです。特にアイスクリームは清涼飲料水より数が出ないので、メーカー側も設置する店を相当吟味します。したがって、アイスクリームの冷凍庫が置いてある店はメーカーから重要視されています。フィリピンのアイスクリームは、ユニリーバのシェアが圧倒的な1位です。ユニリーバは、国や地域によってブランドを変えるのですが、例えば、フィリピ

ンだと「WALL'S」ブランドで展開しているので、大概の場合、冷凍庫の側面にWALL'Sのロゴが記載されています。また、冷凍庫の中を覗いた時に、「MAGNUM」などユニリーバのプレミアムアイスが入っていると、その伝統小売にはそれなりの顧客が来ている証拠です。MAGNUMなどのプレミアムアイスクリームは、近代小売か、ゴルフ場などでしか見かけることはなく、伝統小売に置いてあるのは非常に珍しいのです。したがって、こういった伝統小売は、まさに地域一番店になります。

　そして、これら地域一番店的な伝統小売をしばらく観察していると、バイクである程度まとまった商品を取りに来る人が多いことに気がつきます。これがまさに地域一番店の裏の顔です。周辺の小規模な伝統小売にとっては、これらの地域一番店が問屋の機能を果たしているのです。

　通常の伝統小売はお店も小さく、たくさんの商品は置けません。毎月の売上が数万円程度という伝統小売も少なくありません。このような店にディストリビューターがいちいち配荷していては手間がかかってしかたがありませんので、基本的には配荷はしません。かといって、小売側が遠方まで商品を仕入れに行くのも大変です。多くの場合これら小さな伝統小売はおじちゃんやおばちゃん一人で運営しているので、そんなに手間のかかることはできません。だからこそ、この地域一番店的伝統小売が活躍するのです。これら小さな伝統小売のオーナーは、自分達が売る商品を地域一番店から仕入れるのです。地域一番店は、近隣の数十から百店舗程度の伝統小売問屋機能を果たしているのです。この構図は、メーカーにとっても、ディストリビューターにとっても、地域一番店にとっても、そして小さな伝統小売にとっても互いに効率的でメリットのある関係となっているのです。

3　主要小売プレイヤー（流通環境）

▶ トップ3小売プレイヤーの紹介

　フィリピンの近代小売を語る時に絶対に外せないのが、ピュアゴールド、SM、ロビンソンズのフィリピン3大小売です。全てスーパーマーケット形

態で、フィリピンに行くと至るところで目にします。

推定売上規模第１位のピュアゴールドは、先でも解説した通り伝統小売の支援にも力を入れている小売です。総収益の約７割は、同社の"PUREGOLD"ブランドのスーパーマーケットやハイパーマーケットからであり、残りの約３割はS&Rというメンバーシップ制のホールセール（業務用スーパーの形態）から成り立っています。ピュアゴールドはパンデミックであっても非常に積極的な経営を推し進めており、2021年だけでも20店舗以上の新規出店を果たしています。今後も３年間で全ての小売ブランドの総店舗数を現在の530店舗から600店舗まで拡大させる予定です。またパンデミックを機により小さな店舗を意識することや、ロジスティックスを含む関連セクターの買収にも意欲的です。

またピュアゴールドは、顧客との直接的なコミュニケーションの手段としてDX（デジタル・トランスフォーメーション）にも力を入れています。ピュアゴールド モバイルアプリはパンデミックにおいて大きな役割を果たしました。

続いて、SMです。SMもピュアゴールドに勝らずとも劣らない存在です。SMはSM Supermarketとして現在60店舗程を展開しており、savemore（セイブモア）という別ブランドのスーパーを200店舗程展開しています。またSMもパンデミックにおける小型店舗の重要性に着目し、savemore express（セイブモアエクスプレス）というブランドで小型店を開設し、20店舗程を展開しています。またパンデミックにもかかわらず、2021年には新たに３つのSM Mallをオープンしており、積極的な投資を行っています。

SMもピュアゴールド同様にDX（デジタル・トランスフォーメーション）に力を入れており、いくつかのEコマースチャンネルを開設しています。Grab（配車やデリバリーのサービス会社）と提携し、SMで購入した商品を顧客まで配送するサービスも開始しています。都市部から離れた地域では、フィリピンの庶民の足として親しまれているジープニー（ジープのようなバスのような見た目の乗合タクシー）や三輪車のドライバーと提携し商品を配送しています。

　そして３社目はロビンソンズです。ロビンソンズは1985年に設立され、現在グループ全体で2,200店舗以上を展開しています。スーパーマーケット以外にハイパーマーケット、デパート、ミニマート、コンビニエンスストア、ドラッグストアなどを展開しています。ピュアゴールドやSM同様にDX（デジタル・トランスフォーメーション）、Eコマースの拡大に力を入れ、2021年度は、Eコマースの販売が総売上の３％を占めるまでになりました。今後も積極的にEコマースへの投資を続ける予定です。

　フィリピンは、ピュアゴールド、SM、ロビンソンズの３社があまりにも強く、絶対的な存在として君臨している市場で、４位のGaisano（ガイサノ）以下は、売上を見ても１桁少ない位の差が存在します。４位のガイサノでロビンソンズの売上の10分の１以下です。ガイサノの展開地域は首都マニラのあるルソン島と、主要都市ダバオがあるミンダナオ島になり、特に地方でのスーパーマーケットの展開に注力しています。ガイサノも他社同様にパンデミックの2021年も積極的に店舗展開を進め、特に小型店舗を重要視し始めています。

　ガイサノは、Eコマースに関しても、重要であるとしながらも、最も重要なのはオフラインとオンラインのシームレスな購入体験の提供であり、オフラインは依然支配的な売場であるため、オンラインが注目されがちな時代だからこそそのオフラインの重要性を説いています。

図表6-4　フィリピンにおける主要小売プレイヤー

主要スーパーマーケット（推計売上規模順）

1.　PUREGOLD
2.　SM SUPERMARKET
3.　Robinsons Supermarket
4.　GAISANO

コンビニエンスストア（店舗数順）

1.　7-ELEVEN　　（約3,250店舗）
2.　Alfamart　　（約1,201店舗）
3.　MINISTOP　　（約456店舗）
4.　Treats　　（約2,435店舗）　┐ガソリン
5.　Shell SELECT　　（約1,073店舗）　┘スタンド併設店
6.　mercury drug　　（約1,200店舗）ドラッグストア

147

▶コンビニエンスストアの紹介

　次は、コンビニエンスストアです。フィリピンのコンビニエンスストアは、セブン-イレブンの一強体制です。現在トップを走るセブン-イレブンの店舗数は3,250店舗に上ります。セブン-イレブンはパンデミックで収益性こそ落ち込んだものの、パンデミック最中の2021年でも少なくとも200店舗以上の新規出店を果たしています。また、2021年に話題となったのは、初のドライブスルーストアをオープンしたことでした。

　今後は全国の小規模住宅地に店舗を拡大し、DX（デジタル・トランスフォーメーション）への投資も続ける予定です。顧客が食料品や必需品をオンラインで購入し、店舗で受け取ることができるCLiQQアプリの事業をさらに拡大させるとしています。

　また、400台程ではありますが、日本の銀行と提携し、日本のセブン-イレブン同様にATMの設置も行っています。

　続いて店舗数2位はインドネシアのAlfamart（アルファマート）です。現在、1,200店舗程を展開しています。パンデミックの期間においても、2021年には100店舗程の新規出店を果たしており、近年ますます存在感を増しています。アルファマートは、各地の現地サプライヤーからの仕入れを積極的に行うことによって地元のコミュニティーにも利益を還元しています。また、ピュアゴールド同様に地域の伝統小売へも商品供給を行っています。

　現状の店舗数こそセブン-イレブンの3分の1強程しかありませんが、インドネシア市場では圧倒的な王者の運営ノウハウをフィリピンでも展開することにより今後のさらなる成長に期待が持てます。

　その他のコンビニエンスストアとしては、ミニストップが450店舗程を展開し頑張っていますが、2023年には日本側が全ての株式を売却し、完全にフィリピン資本となりリブランディングをする予定になっています。

　その他、注目したいのはガソリンスタンドに併設されているコンビニエンスストアのTreats（トリーツ）とShell SELECT（シェルセレクト）です。トリーツが2,400店舗以上、シェルセレクトも1,100店舗以上あります。フィリピンは米国の影響を強く受けているため、このようなガソリンスタンド併

設型のコンビニエンスストアがそれなりの存在感を持っているのです。また、両者ともにパンデミックを機に、食料品や生鮮食品、冷凍食品や家庭用品などの品揃えを強化しました。またオンラインで注文し、店舗でピックアップできるサービスも提供しています。

　そして最後に紹介したいのは、Mercury Drug（マーキュリードラッグ）です。マーキュリードラッグは、フィリピン全土に1,200店舗を展開するフィリピン最大のドラッグストアです。小型店を除き多くの店舗では、店舗の半分がコンビニエンスストアになっています。通常のコンビニよりも大きい店舗も多く、かなりの品揃えをしており決して無視できない存在です。

▶ 近代小売市場に関する考察

　フィリピンの近代小売の最大の特徴はやはりピュアゴールド、SM、ロビンソンズの三強の力が非常に大きいということです。これら3大小売グループはスーパーマーケットやハイパーマーケット、ミニマート、モール、デパートメントストアなど様々な形態の近代小売を展開しており、フィリピンの人々の生活に強く根づいています。そして、これら3大小売を語る上で無視できないのが財閥の存在です。確かな統計数字はありませんが、フィリピン経済の7割〜8割ほどは財閥が占めていると言われています。フィリピンの財閥は大きく中華系とスペイン系に分けられます。多くの中華系財閥が活気づく一方で、スペイン系財閥は大半が勢力を失い、今ではアヤラ財閥だけが目立つ存在になっています。SMとロビンソンズも中華系財閥が運営しています。

　まず、中華系財閥の中心はフィリピン最大の財閥であるシー財閥です。2019年に創業者でフィリピン一の大富豪であったヘンリー・シー（Henry SY）氏が亡くなりましたが、資産は6人の子供が引き継ぎ、シー家は依然としてフィリピン一の大富豪です。総資産は2兆数千億円で、他の財閥の中でも頭ひとつ抜きん出ています。このシー財閥が、フィリピン小売大手のSMグループを保有しているのです。

　創業者のヘンリー・シー氏は、中国・福建省の出身で、父の事業の手伝い

8:

で12歳でフィリピンに移住しました。その後、1958年に首都マニラで靴屋を始め、その靴屋の名残で未だにSMをシューマートと呼ぶ人が多くいます。SMはシューマートの頭文字なのです。その他にも、フィリピン最大の商業銀行であるBanco de Oro（BDO）や、不動産最大手SMプライムもシー財閥が保有しています。また、ファーストリテイリングが合弁でユニクロを展開している相手もこのSMグループです。

　極論を言えば、フィリピンの不動産最大手であれば、常に好立地に店舗を出店し続けることは可能ですし、フィリピン最大手の商業銀行を持っていれば、小売で食品や飲料を少々安く売っても、その小売を使う人が金融サービスを使ってくれればそれで賄えてしまいます。

　ロビンソンズを保有しているのも、小売、食品、航空、不動産、石油、繊維、通信を手掛けるゴコンウェイ財閥です。ピュアゴールドは、財閥ではなく、フィリピンの有力な実業家ルシオ・コー氏が率いています。

　このように、2つの財閥と超有力な実業家が築いた3大小売は一筋縄では切り崩せない程に市場を牛耳っています。4位以下とここまで差が開いてしまい、不動産や金融などの関連産業も抑え込まれているとなると、オフラインの世界では、今後もこの3大小売の勢力図は長く変わらないと考えられます。

　しかし、今後、OMO（Online Merges with Offline - オンラインとオフラインは融合しているという概念で繰り広げられるマーケティング活動）が進んでいくと、新たなプレイヤーによるクリエイティブ・ディストラクション（創造的破壊）で生まれる新たな市場があるでしょうし、そこではどうなるかは未知数であると思います。もちろん、これら3大小売もデジタル・トランスフォーメーションには相当な注目と投資を行っていることは言うまでもありません。

　このようにフィリピンの3大小売は財閥系かタイクーン（大物実力者）であり、フィリピン経済において絶大な影響力を持っています。同じ財閥でもインドネシアとの違いは、小売業への介入の度合いです。フィリピンの財閥の方が、インドネシアの財閥よりも大きく小売へ介在しています。そのこと

が小売企業の市場に対する大きな影響力に繋がっています。

　また、彼らは創業者個人としても、フィリピン人にとって憧れと尊敬の対象です。元々は貧乏だった彼らが、一代で財を成しフィリピンを代表する、ASEANを代表する企業グループに成長していったことはサクセスストーリーとしてフィリピン人の間で語り継がれています。フィリピンのため、フィリピン人のために彼らが行ってきた様々な支援活動はフィリピン人の間で広く認識されています。フィリピン人の大半は彼らを尊敬しており、例えるなら、日本人にとっての松下幸之助や本田宗一郎のような存在に近いです。

　こういった財閥やタイクーンなどの背景もしっかり理解し、単なる小売企業として見るのではなく、グループ全体のシナジーがどこまで小売に及んでいるのかもしっかりと見極めながら小売との関係を強化していかなければなりません。

▶ 伝統小売市場に関する考察

　フィリピン市場もまたベトナム、インドネシアと同様に伝統小売がまだまだ大きな影響力を持つ市場で、80万店存在する伝統小売のストア・カバレッジをいかに伸ばせるかがシェアの差として表れています。そして消費財メーカーの関心としては、この伝統小売が今後、市場に対してそこまで影響力を持ち続けるのかということかと思います。なぜなら、それによって販売チャネルの構築方法や投資姿勢が大きく変わるからです。

　私は、フィリピンの伝統小売は他のASEAN諸国の伝統小売以上に長く存続し続けると考えています。理由は3つあります。

　1つは、フィリピンの近代小売と伝統小売はお互いが協力しあう緊密な関係にあることです。先でも解説した通り、例えば、ピュアゴールドやアルファマートなどが伝統小売向けのサービスの提供に力を入れており、伝統小売側もそれを積極的に活用しています。伝統小売が近代小売から商品を仕入れて売るという日本から考えると少々歪な流通構造がフィリピンの流通市場では受け入れられています。このことは、伝統小売のビジネスをより効率的なものへと変えていくだけでなく、近代小売にとっても大きな収益源となって

いるのです。

　2つ目は、政府の伝統小売に対する様々な支援です。政府は、伝統小売は国の経済のバックボーンの一部を形成していると考えており、これら伝統小売がより多くのビジネス機会に恵まれることが国の発展に繋がるとし、様々な優遇政策を打ち出しています。例えば、伝統小売などの小規模事業者向けの低金利のマイクロファイナンスなどがそれに当たります。政府は、これらの資金調達プログラムを積極的に展開することにより、伝統小売の事業拡大の支援を行うと同時に、非公式の融資を排除し、彼らが高利貸しの犠牲者になることも防いでいます。政府は、伝統小売の安定的な存続は、税収はもちろんのこと、地域社会の安定に繋がると考えており、近代小売が伝統小売を飲み込んでいく構図は望んでいないことが伺えます。

　そして3つ目が、ベトナム、インドネシア同様、伝統小売事態のデジタル化です。伝統小売のデジタル化は、メーカーと流通事業者、そして消費者の全てにとってメリットがあるので、遅かれ早かれ伝統小売がデジタル武装するのはほぼ間違いないでしょう。そして、デジタル化の波は国境をいとも簡単に超えてくるので、ASEANのどこかで進めばそれが全ASEANに浸透していくことになります。配車やデリバリーサービスのGrabが良い例です。

　このように、フィリピンの伝統小売は政府に守られ、業界に守られ、市場（消費者）からは必要とされており、今後も長期にわたり存続し続けると考えられます。

　また、2020年のパンデミックにおいては、近代小売は厳しい封鎖と規制の対象となりましたが、人混みを避けることのできる伝統小売はこれら規制の対象とならなかったため消費者に重宝され、philstar GLOBAL（フィリピンのニュースメディア）によると14万店も増加したそうです。

　このようにフィリピンの伝統小売は、政府だけでなく、流通市場全体からも守られ、人々の生活に根強く浸透しているため、ASEANの中でも今後も大きな存在感を示していくと考えられます。

4　主要ディストリビューター（流通環境）

▶主要ディストリビューターの紹介

　まずは、Benby社（ベンビー）です。ベンビー社は、1988年創業で、意外にも最初に取り扱いをしたブランドは日本のポッカでした。その後、米Frito Layや米Quaker、米Marsや伊Ferrero、米Kraft Heinz、米Dole、米Hersheys、米Mondelez、米General Mills、新Fonterra、米Campbell'sなど食品や菓子を中心に取り扱いを行っています。2010年の独NIVEAの取り扱いを皮切りにパーソナルケアやホームケア、ペットケアにまで取り扱いを伸ばし、現在ではこれらブランドの取り扱いをいくつかのグループ会社で行っています。

　創業社長のEvelyn Lao Yap（エヴィリン・ラオ）氏は華僑系のフィリピン人で、業界では実力派の経営者です。私も何度かお会いしていますが、非常に誠実で強い女性リーダーです。

　35年以上に渡り業界で大きな存在感を示せているベンビー社の強さは、まずはなんと言ってもセールス力です。グループ全体で1,000人近い従業員がいますが、内300人程がセールスです。配荷のカバレッジは27,500店舗に及び、内12,500店舗が自社による直販で、残り15,000店舗がサブディストリビューター経由です。全国8カ所に倉庫を保有し、その合計面積は76,000㎡に上ります。8カ所の倉庫の内、5カ所は大規模倉庫で70,000パレットの保管が可能です。また、非正規の2,000人のマーチャンダイザーを常時雇用し、全国に展開させています。ベンビー社は、セールス機能、マーチャンダイジング機能、マーケティング機能、サプライチェーン機能の4つに強みを持つディストリビューターです。

　ベンビー社は、創業時の最初の取り扱いブランドこそ日本のメーカーでしたが、その後、米国メーカーを中心に取り扱いを行い、米国の合理的なビジネスの進め方を大の得意としているため、伝統的な日本企業の場合、最初のうちにビジネスの進め方を少々調整する必要があるかもしれません。

　次は、McKenzie（マッケンジー）社です。マッケンジー社の創業は1957年で、当時はValiant（ヴァリアント）社として創業されました。その後、1998年にディストリビューターのMacondary（マコンダリー）社を買収し、マッケンジーに社名変更し、ディストリビューターとしては、元々のヴァリアント社とマッケンジー社の2社を兄弟会社として経営しています。その他、物流会社とボトリング会社をグループ企業として保有しています。

　取り扱いブランドは、米Pepsi、瑞Nestle、米Hersheys、独NIVEA、独L'oreal、米Maybellineそして日本のマンダムなどを取り扱っています。ベンビー社同様に、フィリピン全土に配荷可能で、国内6カ所に流通センターを持ち、主要な近代小売にはほぼ全て配荷が可能です。また、サブディストリビューターを通じて、10万店程度の伝統小売への配荷も可能です。

　次は、Monheim（モンヘイム）社です。モンヘイム社は、米Mead Johnson、米Mondelez、米Pepsi、泰RedBull、独Henkel、米SC Johnson、米3M、韓Samsungなどを取り扱っています。モンヘイムの特徴は、他社同様に主要な近代小売への配荷はもちろんのこと、1,000人の従業員の内、500人のセールスを持ち、サブディストリビューターを活用しながら伝統小売へも積極的に配荷を行っている点です。15万店以上の伝統小売への配荷を可能としています。私の印象としては、モンヘイム社は、よりNon-Food系により強く、伝統小売が他社より得意なイメージです。

▶ディストリビューターの特徴

　フィリピンのディストリビューターの特徴としては、他国同様にほぼ華僑だということです。また英語でコミュニケーションが取れるので他のASEANと比較してコミュニケーションが楽です。売上規模的には、FMCGを中心とした消費財の分野の大手で数百億円程度。中堅クラスで100億前後といったところです。

　ディストリビューターの機能としては、デリバリー機能はもちろんのこと、セールス機能もしっかり備わっており、大手であれば、パートタイム社員を使ってのマーチャンダイジング機能も有しています。また、店頭プロモーシ

ョンなどのBTL（Below the Lin）を担えるディストリビューターも少なくありません。

　主要なところはどこも30年以上の社歴を持ち、現在2代目への経営移譲が進んでいます。華僑であるということと、ディストリビューターという業種柄、ファミリー経営が中心です。多くの2代目は裕福な環境で育っており、米国やカナダなどの海外で教育を受けて帰国した人達も少なくありません。

　伝統小売に関しては、どこも自社のセールスだけでなく、数十社程度のサブディストリビューターを活用し配荷しています。大手のディストリビューターの中には、海外の高級な輸入品だけを近代小売市場に対して販売することに特化しているディストリビューターもあれば、逆に、伝統小売への配荷に強みを持ち、数十万店レベルでの配荷が可能なディストリビューターもいます。

　その他、食品や飲料に留まらず、スキンケアやヘアケアなどあらゆる消費財においてフィリピン人は米国企業の商品を好む傾向があるため、米国企業の活躍が多く見られます。ディストリビューターにおいても、特定の欧米企業、例えば、米P&Gの製品だけを取り扱い、100億円程度の売上がある企業もあります。

　このように米国企業とのつき合いが長いため、ビジネスの仕方に関しても、合理性を追求し、マーケティングを重要視する傾向があります。日本企業でありがちな営業力で云々といった話はあまり得意ではありません。したがって、契約交渉をする際はその辺をしっかりと加味する必要があります。

5　販売チャネル戦略

▶ 3大小売を攻略する

　販売チャネル戦略に関しては、先でも説明した通り、ピュアゴールド、SM、ロビンソンズの3大小売の攻略が最優先です。ここに置かれなければ、基本的には伝統小売のオーナーは取り扱ってくれませんので、この3大小売でしっかりと実績を出すことが最優先になります。この3社が保有する様々

な業態の小売のどこが最も自社の商品の販売に適しているのかを判断し、その業態の店舗に経営資源を集中投下することをおすすめします。実績のない日本の商品となると、1店舗、1SKU当たり数千円後半のリスティングフィーが必要になり、3大小売を同時に取り組むとそれなりのコストになるため、第2章1で解説したように、選択と集中も1つの手段です。

またどの国もそうですが、近年、大手小売側も、日本企業は大きな投資はしないし、判断が遅く、商品も一部の層にしか売れずにマス受けしないため数がさほど出ないことを理解しているため、日本企業だからといって大手小売のバイヤーに直ぐに会えることはないと考えた方が良いです。特に、フィリピンはその傾向が強く、ピュアゴールドやSM、ロビンソンズとしっかりとした関係性がないと、バイヤーに会うことすらなかなかできません。

また仮に会うことができた場合、「ただ良い商品ですので是非売ってください」程度の話だと適当にあしらわれるだけで棚には並びません。日本だと皆さんの会社は有名で、小売とも長期にわたる関係があり、消費者の信頼も十二分にありますので、「売ってください」「はいわかりました」で済むのかもしれません。しかし、フィリピンでは皆さんの会社はほぼ無名。社名程度は知られていたとしても、比べられるのは米国を中心とした世界の強豪です。日本のようにはいきません。

フィリピンの近代小売は、経営のノウハウを米国の近代小売に倣って進めており、部分的にフィリピン市場に合わせて現地適合をしているので、他のASEANの近代小売以上に米国寄りと考えた方が良いでしょう。新規商品の導入を依頼する際は、商品自体の説明というよりかは、なぜこれを取り扱うことが小売側にとってメリットなのかをロジカルに説明しなければなりません。

当然と言えば当然ですが、近代小売の棚は常に商品で溢れています。スペースの空いている場所などありません。そんな近代小売があったとしたら、メーカーであれば逆にそんな近代小売には商品を置きたくないし、消費者からすればそんな近代小売では買い物をしたくありません。つまりは、新規商品を置くということは、小売側は、現状置いてある商品を退かさないとなり

ません。バイヤーの評価は、担当する売場の売上です。よくわからない商品
を置いて、今より売上が下がれば、自身の評価＝報酬が下がります。そんな
リスクは侵しません。したがって、**現状の売場を変更してでもこの新規商品
を置いた方が良いと思わせないとならない**のです。

　なんとか無事に商品の陳列に至れたとしても、もう１つの戦いが待ち受け
ています。それは商品を売るための戦いです。これはフィリピンに限らずの
話ですが、多くの日本企業は誤解をしています。大手小売の商品棚に商品を
陳列したからと言って、必ず売れるとは限りません。また、小売が売ってく
れるなどという甘い考えは捨てるべきです。彼らに相談しても「値段を下げ
ろ」しか言いません。彼らの提案は総じて「Buy one, get one free（１つ買
えば１つタダ）にしろ」です。つまりは、50％ OFFにして売りましょうと
いうものです。

　また、小売側は、そもそも Buy one, get one free を行う前提でいるので、
それでも小売がしっかりと利益を確保できる値段で仕入れをしています。

　重要なことは、**小売に置いたからと言って売れると過信しないことと、小
売は皆さんの商品を売ってはくれない**ということです。彼らは、皆さんの商
品を売ることを提供しているのではなく、**彼らが提供しているのは、「人が
集まる場所と棚」**です。スーパーマーケットやハイパーマーケット、モール
等、様々な業態の箱に人を集め、集まった人に商品を見せる棚を提供してい
るのが彼ら近代小売なのです。そう考えると棚代を取る商習慣や、売れない
ものを撤去する感覚も理解しやすいと思います。

　したがって、商品を売るための最低限のことは小売がしてくれますが、や
はりメーカーとして商品を売るためのプロモーション戦略はしっかりと考え
なければなりません。日本では置けば売れたものでも、皆さんの会社や商品
に対する知名度も、信用力も、消費者の趣向も、所得も何もかもが日本と異
なる市場で、ただ置けば売れるなどということはほぼ奇跡です。

　フィリピンの消費者にとって、１ドルの価値は我々日本人より重いのです。
我々なら新商品を見て買って、気に入らなければ捨てて二度と買わないで良
いかもしれませんが、彼らにとって選択ミスはあってはならないことです。

図表6-5 「商品を並べる」ことと「商品が選ばれ売れる」ことの違い

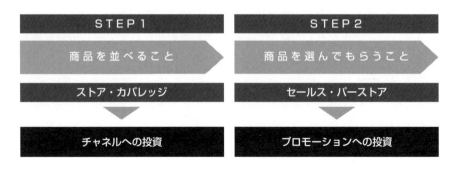

したがって、すでによいとわかっている商品の隣に置かれた、見たことも、買ったことも、食べたこともないものを選ぶということはほぼないのです。

　そもそも、商品を並べることと、並べた商品が消費者に選ばれることは全く別の次元の話なのです。商品を並べることは、ストア・カバレッジを伸ばすことであり、並べた商品が選ばれるのは、1店舗当たりの売上を伸ばす行為です。**前者がチャネルへの投資であれば、後者はプロモーションへの投資**です。皆さんの商品のことをよく知っている消費者に囲まれた日本ででも選ばれる努力を必死に行っているのに、皆さんの商品をよく知らない消費者に囲まれたフィリピンで選ばれる努力をしないというのは売れないということを意味します。**必要なのは、商品を並べるための戦略と、商品を選んでもらうための戦略**なのです（図表6-5）。

▶伝統小売を攻略するために取り組むべきこと

　フィリピン市場において伝統小売を攻略するために取り組むべきことは大きく2つあります。それらは、「**主要3大小売で目立った存在になること**」と「**今、欲しい分だけを買えるようにすること**」です。

　まず、1つ目の「主要3大小売で目立った存在になること」です。先でも解説した通り、伝統小売は近代小売で売れ筋のものしか仕入れません。狭い店先に売れるかどうかわからないものを置いておく余裕はないですし、売れなかったら損を被るので、確実に売れるとわかっているものしか仕入れませ

ん。その目安がピュアゴールド、SM、ロビンソンズ、もしくは、その他の主要小売で売れているか否かになります。

　実際には、伝統小売に対面で営業に行き、お願いすれば一度は置いてくれます。しかし、その方法でなんとか置いてもらっても売れなければ次の注文はなく、売れない商品という印象だけが広まるので、メーカーにとってもまずは3大小売で売れる状態を作るということは非常に大切です。

　また、これも先で解説した通り、一部の伝統小売にとって、ピュアゴールドやアルファマートなどいくつかの近代小売は仕入れ先になっているので、近代小売である程度目立った存在になるということは、実は伝統小売への配荷に繋がっているのです。主要な近代小売での存在感がある程度大きくなったら、次は伝統小売に力を入れている近代小売と伝統小売向けの施策に取り組んでいくことも非常に大切なことです。

　そして2つ目の「今、欲しい分だけを買えるようにすること」に関してですが、これは、消費者にとって伝統小売の最大の魅力は、「今、欲しい分だけが買える」ことなのです。通常、10個入りで近代小売に並んでいるものが、1個から買えることや、通常、近代小売では大容量で売っているものが、少容量でも買えることなのです。その結果、消費者が今、払わなければならない金額は安く抑えることができます。実際には、1個当たりの単価や、グラム当たりの単価は絶対に近代小売の方が安いのです。伝統小売は近代小売よりも1個当たり、グラム当たり10%〜20%高く売っています。しかし、それでも消費者にとっては今、使いたい分だけが買えるということが重要なのです。

　伝統小売の攻略に苦戦している多くの企業は、この2つの課題をクリアできていないのです。この2つをクリアせず、販売チャネルの全体デザインをしないまま誰と売るかのディストリビューター選定に突入し、「とにかく大手、とにかく実績を」とディストリビューターの選定基準に進んでいくので、成果がどんどん遠のいてしまうのです。まずは、主要3大近代小売で目立った存在になることと、**今、欲しい分だけを買える状態にすること**に努めてみてください。

▶ディストリビューター選定は既に椅子取り合戦

　さて、次はディストリビューターの選定が椅子取り合戦状態となり、選べるディストリビューターに限りが出てきていることについてです。これはASEAN各国で言えることですが、特に欧米メーカーの活躍が目立つフィリピンではその傾向が顕著です。

　図表6-6は、縦軸がディストリビューターの売上規模を表し、横軸が取扱品目を表しています。上に行けば行くほど大手で、下に行けば行くほど中小になります。右に行けば行くほど、ディストリビューターが得意している取扱品目が自分達が売りたい商品に近いということで、左に行けば行くほど遠いということになります。例えば、自分達が菓子を売りたいのに対して、ディストリビューターの取扱品目の大半が菓子であれば、それは右側の取扱品目が近いということになりますし、逆にスキンケア、ヘアケア中心だったとすれば遠いということになります。

　当然ながら規模が小さい上に取扱品目が遠いディストリビューターは選定する上での合理性がないので左下は選びません。左上のグループCも、同じ小売に売るにしても、取扱品目が異なればリレーションのある担当バイヤーも異なりますし、売り方も異なります。したがって、食品を売りたいのに日用品に強いディストリビューターを選んだり、その逆もしかりですが、なるべく取扱品目が近いディストリビューターを選ぶということが非常に重要です。例外としては、当該ディストリビューターのオーナー社長が新たに取扱品目を広げたいと考えているタイミングで、それなりの投資を行う状況にあるのであれば検討の余地はあります。

　逆に、最も選びたいのは、右上の規模も大きく取扱商品も近いグループAです。しかし、多くの場合、このグループAは右上に行けば行くほど既に競合の商品を取り扱っています。そして、同一カテゴリーで競合する他社の商品を取り扱えない契約になっていることも少なくありません。仮に、契約上は取り扱えても、既に何十年も前から取引のある競合と、これから取引を始める企業では、ディストリビューターが投下する経営資源には大きな差が出て当然です。したがって、普通におつき合いをしていたのでは、基本的に

図表6-6　ディストリビューター選定の見とり図

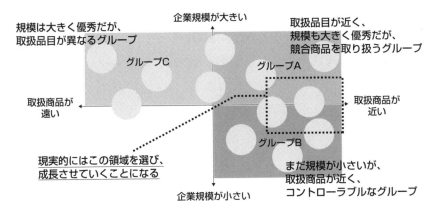

企業規模が大きい

規模は大きく優秀だが、
取扱品目が異なるグループ

取扱品目が近く、
規模も大きく優秀だが、
競合商品を取り扱うグループ

グループC

グループA

取扱商品が
遠い

取扱商品が
近い

現実的にはこの領域を選び、
成長させていくことになる

グループB

まだ規模が小さいが、
取扱商品が近く、
コントローラブルなグループ

企業規模が小さい

はディストリビューターは常に競合を優先し、新規の企業は常に後回しの状態になります。また、競合の商品価格や、プロモーション予算と比較され、「売れないのは高いから、プロモーション投資が少ないから」といった後ろ向きな意見に終始することも少なくありません。

　では、右下のグループBはどうでしょうか。確かに、取扱品目は近くて申し分ないのですが、下に行けば行くほどコントロールしやすいというメリットはあるものの、規模が小さい＝実績がないということになるので、実現したい売上と現状の規模の差が大きすぎると、現実的には上手くいきません。10億円投資して展開したいのに、売上が1億円しかないディストリビューターだと、あまりにも差が大きすぎて、体制強化ですぐどうこうできるものでもありません。また、売上1億円だとそもそもキャッシュも回らないのでやはり現実的な相手とは言えません。

　このように、食品、飲料、菓子、日用品等のカテゴリーで言うと、フィリピンのディストリビューターは既に椅子取り合戦が終わっていて、余っている椅子は必ずしもパーフェクトなものではありません。その中で選定していくわけですが、現実的な落としどころとしては、できる限り右で、図の赤点線枠の右上下半分から右下上半分の中から相対評価で選定することになります。結果として、右上の大手よりは売上規模は小さくとも、逆に規模が小さ

い分、コントロールのしやすさや、より一体となって様々な施策を展開できる利点があります。実は、参入初期のステージにおいては、必ずしも大手が良いとは限らないのです。そこそこの中堅規模のディストリビューターと、一緒になって成長をしていくという選択肢が参入初期から中期のステージにおいては適切なのです。

第Ⅲ部

販売チャネル戦略（2）
SMT編

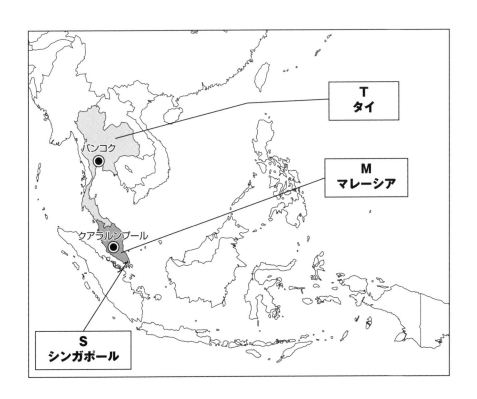

T
タイ

M
マレーシア

バンコク

クアラルンプール

S
シンガポール

第7章

シンガポール

1 基本情報

▶一般情報
面積：約720平方キロメートル（東京23区と同程度）

人口：約569万人（内シンガポール人・永住者は404万人）（2020年）

民族：中華系76％、マレー系15％、インド系7.5％（2019年6月）

言語：国語はマレー語。公用語として英語、中国語、マレー語、タミール語。

宗教：仏教、イスラム教、キリスト教、道教、ヒンズー教

▶政治体制
政体：立憲共和制（1965年8月9日成立）（英連邦加盟）

元首：ハリマ・ヤコブ大統領（任期6年。2017年9月、第8代大統領として
　　　就任。）

議会：一院制。選出議員数93（任期5年）（与党：人民行動党83議席、野党
　　　10議席）

政府：1）首相名：リー・シェンロン（人民行動党［PAP］）
　　　2）外相名：ビビアン・バラクリシュナン（人民行動党［PAP］）

▶経済
主要産業：製造業（エレクトロニクス、化学関連、バイオメディカル、輸送
　　　　　機械、精密器械）、商業、ビジネスサービス、運輸・通信業、金
　　　　　融サービス業

名目GDP（シンガポール統計局）：

年度	2019	2020
名目GDP（単位：百万シンガポールドル）	510,738	469,096

一人当たり名目GDP（シンガポール統計局）：

年度	2019	2020
一人当たり名目GDP（単位：シンガポールドル）	89,547	82,503

実質GDP成長率（シンガポール統計局）：

年度	2019	2020
実質GDP成長率（単位：%）	1.3	−5.4

消費者物価上昇率（シンガポール統計局）：

年度	2019	2020
消費者物価上昇率（単位：%）	0.6	−0.2

失業率（シンガポール統計局）：

年度	2019	2020
失業率（単位：%）	2.2	2.8

貿易額（シンガポール統計局）：

年度	2019	2020
輸出（単位：百万シンガポールドル）	532,514	515,645
輸入（単位：百万シンガポールドル）	489,712	453,467

直接投資受入額（シンガポール統計局）：

年度	2018	2019
直接投資受入額（単位：百万シンガポールドル）	1,732,177	1,912,272

貿易品目（シンガポール統計局）：

　　1）輸出：機械・輸送機器、鉱物性燃料、化学製品

　　2）輸入：機械・輸送機器、鉱物性燃料、原料別製品

通貨：シンガポール・ドル（Sドル）

▶ 経済協力

日本の援助実績：

1）有償資金協力　127.4億円（1972年度まで）

2）無償資金協力　31.17億円（1987年度まで。以降なし。）

3）技術協力実績　215.92億円（1998年度まで）

▶ 二国間関係

経済関係：

1）対日貿易

ア）輸出入ともに、電子機器・電子部品が主要品目

イ）貿易額（単位：10億円）（財務省統計（日本））

年度	2019	2020
輸出	851	912
輸入	2,199	2,199

2）直接投資（単位：億円）（財務省）

年度	2019	2020
対日直接投資 （シンガポールから日本）	715	3,082
対シンガポール直接投資 （日本からシンガポール）	14,817	6,749

在留邦人数：36,797名（2019年10月現在、在シンガポール日本大使館への在留届数）

日系企業数：805社・個人（2021年4月現在、日本商工会議所登録企業数）

在日シンガポール人数：3,037名（2020年6月末、法務省統計）

（注）　上記「1　基本情報」は外務省HPを元にしている。

図表7-1　シンガポールの小売市場規模（2022年）

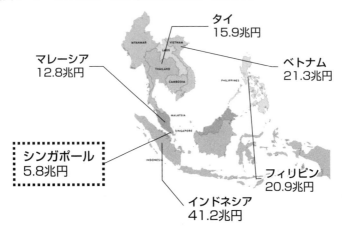

注：US1ドル=136円で換算。
出所：Euromonitor、及び各国政府発表のデータを元にスパイダー・イニシアティブにて推計。

2　市場の特徴（市場環境）

▶完全なる近代小売市場

　シンガポールの小売市場規模は、5.8兆円とASEAN6で最も小さい市場です。しかし、同時に、シンガポールはASEAN6の中で最も国土が狭く、5.8兆円はこの限られたエリアから成り立つASEAN6の中で最も効率の良い市場です（図表7-1）。

　シンガポールの小売市場の最大の特徴は、他のASEAN諸国と異なり伝統小売がないということです。私が住んでいた1980年代後半から1990年代前半は、まだ伝統小売も残っていましたが、VIPにあるような伝統小売というよりかは、日本の駄菓子屋に近くもっとしっかりした作りのものでした。それらの多くは、キャンティーンやホッカセンターと呼ばれる多くの屋台が集まった大衆食堂のそばにありました。しかし、2000年代以降、これらキャンティーンやホッカセンター自体の衛生管理が進み、多くはビルの地下などにフードコートとして生まれ変わり、それに伴い淘汰されていきました。

図表7-2　シンガポールの小売市場

◆主に食品、日用品を取り扱う主要な近代小売チェーンの店舗数の合計

マレーシア
6,600店

タイ
17,300店

ベトナム
8,200店

シンガポール
1,000店

フィリピン
9,400店

インドネシア
36,800店

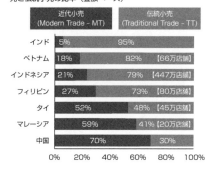

◆小売市場（食品及び、日用品カテゴリー）における近代小売と伝統小売の比率（金額ベース）

	近代小売 (Modern Trade - MT)	伝統小売 (Traditional Trade - TT)
インド	5%	95%
ベトナム	18%	82%【66万店舗】
インドネシア	21%	79%【447万店舗】
フィリピン	27%	73%【80万店舗】
タイ	52%	48%【45万店舗】
マレーシア	59%	41%【20万店舗】
中国	70%	30%

出所：Euromonitorのデータを元にスパイダー・イニシアティブにて推計。

　そもそも、シンガポールは淡路島ほどの面積に550万人程が住んでいる小国で、世界的な金融センター、貿易ハブ、ハイテク分野の研究開発拠点としてその地位を確立しています。完全なる近代国家で、小国だけに他のASEANとは異なる発展を遂げています。一人当たりGDPは、8.3万米ドルに迫る勢いで、日本の3.4万米ドルを優に上回り3倍近い差が開いています。

　市場を分類するならば、香港に近い市場です。人々は豊かで、日本食や日本の商品に対して深い知見と特別な想いがあり、良いものの象徴として求める傾向が強いです。1980年代当時から日本製は非常に強く求められていましたし、ものだけではなく、箱としても日本のショッピングセンターは大人気です。例えば、オーチャードロードのど真ん中に1993年に開店したシンガポール高島屋S.C.は、開店から30年経過した今なお、シンガポールで最も有名なショッピングセンターです。

　2017年に1号店をオープンしたドン・キホーテも、その後、5年で12店舗まで拡大し、大人気のショッピングセンターになっています。ドン・キホーテのおかげで、日本の消費財に対するシンガポール人の注目度がさらに増したことは間違いないと思います。

　近代小売の数としては、1,000店舗程度しかありません。後に主要小売プ

レイヤーの項で詳しく説明しますが、スーパーマーケットとしては、Fair Price（フェアプライス）、Cold Storage（コールドストレージ）、Giant（ジャイアント）、SHENG SIONG（シェンション）などが有名で、日本のドン・キホーテも食品や日用品はもちろんのこと、生鮮食品の取扱を増やし、1号店の開店から5年で既に主要グループの仲間入りを果たしています。

コンビニエンスストアはセブン‐イレブンが圧倒的で、後はガソリンスタンドや地下鉄への出店に特化したCheers（チアーズ）やbuzz（バズ）、Choices（チョイス）などがあります。

ドラッグストアはWatsons（ワトソンズ）が100店舗程度あります。

したがって、シンガポール市場においては、これら近代小売をどう攻略するかということが唯一の課題になります。伝統小売のことを考えずに、近代小売だけに集中できるというのは、日本企業にとっては一見すると楽なように見えますが、意外とそうではなかったりするのです。次は、そのことについて説明していきます。

▶ 週販数が導入費を超えられるかが鍵

シンガポールの近代小売の攻略において大変なことは**リスティング費や棚代などの導入費に加え、チラシへの広告掲載や割引イベントなどのプロモーション費用がかかること**です。確かに、シンガポールの所得は他のASEANと比べ高いため、それなりの単価で商品を売ることはできるものの、高額な導入費やプロモーション費用を上回る販売数を得られるのかという問題が存在します。

リスティングフィーは初期の1回限りですが、棚代は置きたい棚の種類や場所などによって様々で、継続的に発生する場合もあります。また小売が配布しているチラシなどへの広告掲載は少なくとも年2回はお願いされることになります。バイヤーとの良好な関係を維持するためには、なかなか断りきれないというのが実情です。そして、小売側は、旧正月、ハロウィン、クリスマスといったイベントの度に割引キャンペーンをしたがります。割引分の負担はもちろんメーカー持ちです。これら様々な費用をかけた上で、1日に、

図表7-3　損益分岐に必要なストア・カバレッジと週販数

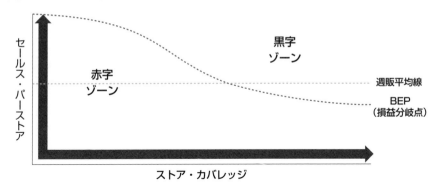

もしくは１週間で何個売れればBEP（損益分岐点）を超えられるのかが１つの大きなポイントになるのです。

　「売れ行きが悪ければ、値引きしろ」が小売から出される唯一の提案です。他のASEAN諸国同様、Buy one, get one free（１つ買ったら１つタダ）です。それでも売れ行きが芳しくなければ、数カ月で棚から撤去されてしまいます。もちろん、今までかけた費用は一切返ってきません。このBEPの壁が意外に高く、皆さんが苦労するポイントで、気づけば高島屋とドン・キホーテが中心で、ローカル系のスーパーにはほとんど並んでいないか、並んでいたとしても各種費用のかからない輸入品棚にしか置かれていない状態になり、いまいち売上が伸びない例は少なくありません。

　シンガポールの近代小売の攻略において最も重要なことは、BEPをどのような時間軸で、どう超えていくかということなのです。超えていく基本的な方法論は第２章２で解説した通りです。

▶年間1,850万人の観光客と近隣諸国への波及効果

　シンガポール市場を考える時に忘れてはいけないのは、人口をはるかに上回る外国人観光客です。その数、1,850万人で、実にシンガポールの人口550万人の３倍以上です。国別に見てみると最も多いのが中国で342万人。続いて、インドネシアで302万人、３位はインドで144万人、４位はマレーシアで125

万人（通勤による往来者を除く）、5位は豪州で111万人、6位は日本で83万人、7位はフィリピンで78万人、10位のベトナムでも59万人で、12位のタイで54万人もの観光客が来ているのです。

つまり、シンガポール市場というのは、シンガポールの人口550万人に向けてのビジネスはもちろんのこと、その3倍以上の観光客にも訴求できる市場なのです。ASEANだけでもプラス600万人への訴求が可能です。しかもその訴求は、シンガポールという先進的な市場からの波及なので、ブランド力の観点からも高いメリットがあることは言うまでもありません。

シンガポール市場は、シンガポール市場単体でいかに早期にBEP（損益分岐点）を超えるかということと、他のASEANを中心とした世界への波及効果の2点を加味して戦略を組み立てることが重要です。

3　主要小売プレイヤー（流通環境）

▶トップ4小売プレイヤーの紹介

まずはシンガポール最大のスーパーマーケットチェーンのNTUC Fair Price（フェアプライス）です。現在、140店舗程のスーパーマーケットとハイパーマーケットを運営しています。パンデミックで若干店舗数を減らしたものの、オンラインでの食料品のオーダー需要が爆発的に増加し、物流やシステム含めたオンラインのプラットフォームの強化を行いました。

フェアプライスは、店名の通り適正な価格の毎日の生活に使えるスーパーマーケットという認識がされています。小売ブランドとしては、フェアプライスがスーパーマーケットで、Fair Price Finest（フェアプライスファインネスト）が高級スーパーマーケットの位置づけで、有機野菜など付加価値の高い高価格ラインが並びます。Fair Price Extra（フェアプライスエクストラ）は食品だけでなく、日用品や雑貨、家電までなんでも揃うハイパーマーケットです。その他、コンビニエンスストア形態が2種類あり、1つは、Fair Price Express（フェアプライスエクスプレス）というガソリンスタンド併設型、もう1つのCheersは通常のコンビニエンスストアです。

　２番手はコールドストレージです。コールドストレージは、オーチャード
ロードの高島屋の地下に入っているので、シンガポールに行ったことのある
人であれば、気づかぬ内に行ったことがあるかもしれません。コールドスト
レージは、1903年に、新鮮で高品質の精肉と乳製品を扱う商人としてスター
トしました。コールドストレージというブランドで１号店を出したのは1960
年代に入ってからです。シンガポール人の日々の食品や日用品の買い物に加
え、世界の価値ある高品質な商品を取り揃えているスーパーマーケットとし
ても有名です。

　また、コールドストレージ以外にも、CS Fresh（CSフレッシュ）や、
Market Place（マーケットプレイス）、Jasons（ジェイソンズ）の３つのブ
ランドを展開しており、現在では計50店舗以上を運営しているシンガポール
を代表するスーパーマーケットの１つです。

　３番手がシェンシオンです。シェンシオンは、1985年にLIM（リム）兄
弟によって創業されました。元々は小さな食料品店として始まったらシェン
シオンですが、現在では65店舗を運営しています。

　そして最後が日本のドン・キホーテです。シンガポールでは、DON DON
DONKIが店舗名です。ドン・キホーテは、2017年に１号店をオープンし、
当時の、ドン・キホーテがシンガポールに本当に馴染めるのかという不安を
よそに、５年で一気に12店舗まで拡大していきました。店頭で売られる焼き
芋に長蛇の列ができ、一時期は大変なブームとなりました。

　日本でもそうですが、ドン・キホーテはシンガポールの人々の従来のショ
ッピングのスタイルを大きく変える新たな価値を提供し成功しています。

▶コンビニエンスストアの紹介

　続いてコンビニエンスストアです。コンビニエンスストアは完全にセブン
‐イレブンの一強体制です。現在、430店舗程を展開しています。セブン‐イ
レブンは、Ready to eat（直ぐに食べられる）お弁当や軽食などの商品開発
に力を入れており、イートインコーナーを導入している店舗もあります。ま
た、プレミアム商品も多く取り扱っており、他のASEANのセブン‐イレブ

図表7-4 シンガポールにおける主要小売プレイヤー

主要スーパーマーケット（推計売上規模順）

1. FairPrice
2. Cold Storage The fresh food people
3. SHENG SIONG
4. DON DON DONKI

コンビニエンスストア（店舗数順）

1. 7-ELEVEN （約430店舗）
2. Cheers FairPriceexpress （約164店舗）
3. buzz （約50店舗）
4. Choices （約40店舗）｝SPCのガソリンスタンド併設店
5. star mart （約26店舗）｝CALTEXのガソリンスタンド併設店

ンとは少々異なります。

2番手はNTUC Fair Price系列のCheers（チアーズ）です。現在、160店舗程を展開しています。

3番手は、buzz（バズ）で、50店舗程を展開しています。バズのほとんどはMRT（地下鉄）の駅にあります。

そして4番手がChoices（チョイス）で、チョイスは、SPCのガソリンスタンドにのみ併設されています。

最後の5番手は、Star Mart（スターマート）で、CALTEXのガソリンスタンドにのみ併設されています。

セブン-イレブンは、シンガポールの1号店を1983年に出店しており、当時、私が父の仕事の関係で初めてシンガポールに移住することになったころだったので、よく覚えています。以来、店舗は増え続け一強体制で今に至ります。この40年を振り返ると、今後もこの競争環境が大きく変わるとはなかなか想像ができないです。変化があるとすれば、OMO（オンラインとオフラインが融合した世界）で、今後、どう進化するのかということだと思います。

▶近代小売市場に関する考察

シンガポールの近代小売市場は、先で解説した通り地場系資本が健闘しているのが特徴です。日系のセブン-イレブンとドン・キホーテを除くと、残りは全て地場系資本です。これはシンガポール華僑の豊富な資金力や、資金

調達しやすい市場環境がシンガポール国内にはあるからに他なりません。また、何より国内マーケットだけを考えると、人口545万人という小さな市場のため、小売業態で外資系企業が参入するメリットが小さいということも１つです。今後もこの地場系優位の競争環境は大きくは変わらないと推測されます。

　参考までに、コールドストレージは、現在は香港系ですが、元々は1983年に設立されたシンガポール企業です。その後、1992年にDairy Farm（デイリーファーム）として有名な、香港資本のDFI Retail Group（DFIリテールグループ）に買収されています。

　また、シンガポールの小売業界はフェアプライスが牽引していることから、フェアプライスの将来性からも目が離せません。フェアプライスは、政府も支援する生活協同組合組織が運営するスーパーマーケットであり、積極的に新たな取り組みを行い業界をリードしています。例えば、今回のパンデミックを機にオンラインショッピングのシステムをアップグレードしただけでなく、顧客がスマートフォンを使用しQRコードをスキャンして支払いができるScan & Go（スキャン＆ゴー）も導入し、顧客利便性を格段に高めています。

　シンガポールの場合、政府の判断は迅速で、リーダーシップが非常に強力なため、常に新しいイノベーションを生み続け、最先端の小売業態への進化も早いと考えます。

　シンガポールは、私が住んでいたころもそうでしたが、非常に外食比率が高い国です。家で調理して食べるというよりは外食する文化が強かったのですが、今回のパンデミックで以前よりも頻繁に食料品を購入し、自宅で調理するようになったため、実際にスーパーマーケットやハイパーマーケットの売上は前年比で６％程増加しています。一部の層は、食料品を購入し、自宅で調理することに、生活の質的にも経済的にも一定度の満足を得ています。今後、この習慣がどこまで定着するかも非常に興味深いと考えています。

4　主要ディストリビューター（流通環境）

▶主要ディストリビューターの紹介

　まずは、第4章4でも紹介したDKSHです。DKSH Singaporeは、19世紀に石炭、灯油、ゴム、海運、保険を扱う商社として始まりました。それ以来、事業モデルを進化させ現在の業態に至っています。DKSHはどの国においてもそうですが、シンガポールでも、マーケティング機能やセールス機能はもちろんのこと、強固なディストリビューション・ネットワークを持ち、先進グローバル企業の多様なニーズを満たしています。米Kraft Foodsや米Mead Johnson、米Pepsi、米Hershey、米Cadbery、米3M、独Henkel、独Beiersdorfなど様々なグローバルカンパニーのブランドを取り扱っています。

　またDKSH Singaporeは、B2Cのコンシューマープロダクトのみならず、ヘルスケアや素材、テクノロジーといった分野のB2Bプロダクトも数多く取り扱っています。

　続いては、Delfi（デルフィ）です。デルフィは、チョコレートがメインで、インドネシアとフィリピンにはチョコレートの製造工場を持ち、チョコレートメーカーとしても有名です。シンガポールには製造工場はなく、流通センターを保有し自社や他社のチョコレート製品をディストリビューションさせています。

　次は、S. Mulchand & Sons（エスムルチャンド＆サンズ）です。エスムルチャンド＆サンズは、シンガポールに本拠を置くFMCG商品のディストリビューターです。主に米国のPringlesやCoca-Cola、Oreo、Duracell Battery、Kleenex、Dove、Pantene、Gillette、Lux、英国のLiptonなどの世界の一流ブランドを取り扱っています。

　次はWALSON（ウォルソン）です。ウォルソンもシンガポールの主要なディストリビューターの1つです。米国を中心としたOreoやLoacker、Pringle's、M&Ms、Lay's、Ferrero、Coca-Cola、100PLUSなど120以上のブランドを取り扱っています。日本企業では、明治やポッカなどを取り扱って

います。

　最後は、Yong Wen Food（ヨンウェンフード）です。ヨンウェンフードはシンガポールに本拠地を置くディストリビューターですが、マレーシアと香港でもディストリビューション事業を行っています。その他、世界40カ国への輸出も行っています。専門は食費と飲料で、欧米企業を中心にNestleやFischer、Lee Kum Kee、Coca-Cola、Pepsi、F&N、Kimberly-Clarkなどのブランドを取り扱っています。日本企業ではキッコーマンなどを取り扱っています。

▶ ディストリビューターの特徴

　シンガポールにおける食品、飲料、菓子、日用品等の消費財はほとんどが輸入商品です。したがって、ディストリビューターの多くは輸入機能を持ち合わせています。また、他のASEANと比較して、デリバリーの機能はもちろんのことセールスとマーケティングの機能に長けています。シンガポールは、世界中から良いモノが集まる市場だけあって、ただ配荷するという機能以上に、セールス＆マーケティングの機能に長けていないと生き残れない市場なのです。

　またディストリビューターのEコマースを通じてのディストリビューションもASEANの中で最も発達しています。大手のディストリビューターは、Shopee（ショッピー）やLAZADA（ラザダ）と提携し、Eコマースサイト内にショップを展開し直接消費者へ販売するという多様なチャネル展開をしています。

　また大手ディストリビューターの多くは、国内のディストリビューションだけでなく、他のASEANへも展開を広げています。シンガポールはその際の統括拠点としての役割も担っています。

5　販売チャネル戦略

▶導入コストを最小限に抑えた近代小売への導入

　シンガポールは、ASEANの中で最も商品単価の高い商品を売ることができ、またプレミアム商品へのニーズや購買力が最も高い国であることは間違いありません。しかし、主要な小売の主要な棚にそれなりのSKUを陳列しようとすると、本章2で解説した通り**高額な導入コストがかかります。これをどれだけ最小限に抑えこみつつ、その間にできる限り早期にセルアウトを増やせるかが鍵**です。

　本章3で解説した通り、最終的には、スーパーマーケットはフェアプライスとコールドストレージ、シェンシオン、そしてドンキホーテの全てでそれなりの場所にしっかりと陳列され、商品にもよりますが、コンビニエンスストアはセブン-イレブン、ドラッグストアはWatsons（ワトソンズ）とGuardian（ガーディアン）にもしっかり並べば、市場からはそれなりの高い評価を得ている商品であるということなります。その状態を最終的なゴールとした場合、何年でそこに到達し、その間、どれぐらいの投資が必要なのかの試算が全てです。それに合わせて段階適期に小売を選び導入をしていくことが、第2章1で解説した通り最も導入費を抑えた商品投入の方法になります。

　例えば、スーパーマーケットであれば、まずはフェアプライスの一定の店舗だけと半年〜1年程度の優先販売契約を行い、同時にプロモーション施策にしっかりと投資を行います。この導入期の段階で重要なのは、間口数を増やす以上に、商品を置いた間口でどれだけ商品がセルアウトするか、つまりは売れるかが重要です。ここで売れればフェアプライスは商品を陳列するスペースや店舗を増やしたがりますし、優先販売が終了した後の他のスーパーマーケットへの陳列も、導入費用含め交渉が楽に進みます。

　一方で、ここで失敗すると、導入費を払っていても容赦なく半年程度で棚落ちし、置いたけれど売れなかった商品というレッテルは直ぐに業界内を駆

け巡り、その後の取り組みの足を引っ張ります。置いただけでは売れないということを前提としてマーケティングを考えなければなりません。小売は、商品を並べてはくれますが、売ってはくれません。お店に集客はしますが、商品に集客はしてくれません。売るのはあくまでメーカーの責任です。小売から出される提案は「値引き」だけです。

　重要なのは、業態を選び、小売を選び、店舗を選び陳列し、その最初の限られた陳列で売れるマーケティング施策をしっかりと展開し実績を出すことです。これが自社のマーケティングの「型」となり、その型は実績を追う毎にさらに進化していきます。置いた商品が売れる根拠を持てないのなら、まずは並べるよりも売るためのマーケティングを考えることが先決です。

▶年間1,850万人の観光客に向けたチャネル戦略

　シンガポールは確かに人口が545万人しかいません。国土は淡路島程です。日本で500万人都市というと、北海道や兵庫県、福岡県がそれに当たります。人口は、ベトナムの9,750万人や、フィリピンの1.1億人、インドネシアの2.7億人と比較すると圧倒的に少ない。タイの7,160万人やマレーシアの3,350万人と比較しても少ないです。しかし、忘れてはいけないのが、先でも説明した年間1,850万人の観光客の存在です。545万人はあくまで定住人口であり、それ以外に1,850万人の交流人口が存在するのです。2つを合わせると2,400万人程になります。

　それでもまだまだマレーシアにも及ばないと思うかもしれませんが、ASEANで最も裕福な545万人と、お金を使うことを前提で来ている1,850万人の、合わせて2,400万人が淡路島程の小さな国土に集中している市場など、他のどこを探しても存在しません。

　他のASEANでは、仮に人口が1億人いても、そもそもの可処分所得が低く、さらにターゲットがいくつもの都市に分散しています。また、伝統小売向けの販売チャネルの構築が必要になるケースもあります。対して、シンガポールの場合、所得の高い2,400万人の定住人口と交流人口が淡路島程の小さなエリアに集中しているのです。しかも、食品や飲料、菓子、日用品等の

消費財においては、伝統小売は存在せず全てが近代小売です。その近代小売も主要なものは限られています。つまりは、シンガポールは、メーカーにとって市場を攻略するための効率がとても良い市場なのです。

▶他のASEANへの波及効果を最大化させる

　シンガポール市場の特性の1つで忘れてはいけないのが、他のASEAN諸国への波及効果です。ASEANの人々にとって、シンガポールはASEANで最も先端的な国であり、憧れの象徴です。そこで売られているものや、流行しているものへの意識は決して低くありません。言わば、シンガポールは他のASEANへの発信基地でもあるのです。これら流行はインターネットを通じ即座に他のASEANへ波及しますし、シンガポールを訪れる観光客もその波及に大きく貢献します。

　シンガポールを訪れる1,850万人の内、302万人はインドネシアで2位です。マレーシアも125万人で4位。フィリピンは78万人で7位。ベトナムとタイも、それぞれ59万人と54万人で10位と12位です。ASEANだけでも毎年618万人がシンガポールを訪れているのです。ASEANだけで毎年618万に分の波及効果が見込めるのです。

　これをアジアとオセアニアまで広げると、図表7-5の通り1位は中国で342万人。3位のインドは144万人。5位の豪州で111万人。6位の日本は83万人。9位の韓国で63万人。13位と14位は香港と台湾でそれぞれ47万人と42万人です。先程の618万人と合わせると、アジアとオセアニア全体で1,450万人にも上るのです。これだけの人達が毎年移動を繰り返し、しかもその数は年々増加しています。パンデミックで一旦は急落したものの、既にその反動が現れており、以前の状況を越えるのも時間の問題です。

　つまりは、シンガポール市場を攻略するということは、少なくとも同時に他のASEAN5カ国（マレーシア、タイ、ベトナム、インドネシア、フィリピン）への波及効果を考える必要があり、それぞれの国の首都への波及が最も強く、最早、**シンガポール市場単体で考えるよりも、ASEAN6の首都を1つの商圏として考えることが重要**なのです。シンガポールで定番商品になれ

ば、他のASEANでも受け入れられやすくなるのは間違いありません。

図表7－5　シンガポールを訪れる国別観光客数

順位	国	人数
1位	中国	342万人
2位	インドネシア	302万人
3位	インド	144万人
4位	マレーシア	125万人（通勤者除く）
5位	オーストラリア	111万人
6位	日本	83万人
7位	フィリピン	78万人
8位	アメリカ	64万人
9位	韓国	63万人
10位	ベトナム	59万人
11位	イギリス	58万人
12位	タイ	54万人
13位	香港	47万人
14位	台湾	42万人
15位	ドイツ	35万人

出所：Singapore Tourism Board（2019）のデータを元にスパイダー・イニシアティブにて作成。

第 **8** 章
....

マレーシア

1 基本情報

▶ 一般情報

面積：約33万平方キロメートル（日本の約0.9倍）

人口：約3,260万人（2022年マレーシア統計局）

首都：クアラルンプール

民族：マレー系約70％（先住民15％を含む）、中華系約23％、
　　　インド系約 7 ％（2022年マレーシア統計局）

言語：マレー語（国語）、中国語、タミール語、英語

宗教：イスラム教（連邦の宗教）（64％）、仏教（19％）、キリスト教（ 9 ％）、
　　　ヒンドゥー教（ 6 ％）、儒教・道教等（ 1 ％）、その他（2022年マレー
　　　シア統計局）

▶ 政治体制

政体：立憲君主制（議会制民主主義）

元首：アブドゥラ第16代国王（2019年 1 月就任、任期 5 年。パハン州スルタ
　　　ン）

　　　（注）　マレーシアの国王は、 9 州の統治者（スルタン）が統治者会議で互選する。

議会：二院制

　　　上院：70議席、任期 3 年。44名は国王任命、26名は州議会指名。

　　　下院：222議席、任期 5 年。直接選挙（小選挙区制）。

政府：首相：アンワル・イブラヒム（2022年11月就任）

　　　外相：ザンブリー・アブドゥル・カディル（2022年12月就任）

▶経済

主要産業：製造業（電気機器）、農林業（天然ゴム、パーム油、木材）及び
　　　　　鉱業（錫、原油、LNG）

名目GDP（単位：億リンギット）（マレーシア統計局）：

年度	2012	2013	2014	2015	2016
GDP(名目)(リンギット)	9,713	10,186	11,064	11,769	12,497
年度	2017	2018	2019	2020	2021
GDP(名目)(リンギット)	13,723	14,478	15,132	14,166	15,454

一人当たり名目GDP（単位：ドル）（IMF）：

年度	2012	2013	2014	2015	2016
一人当り GDP(名目)	10,807	10,852	11,165	9,663	9,523
年度	2017	2018	2019	2020	2021
一人当り GDP(名目)	9,965	11,077	11,213	10,270	11,371

実質経済成長率（単位：%）（マレーシア統計局）：

年度	2012	2013	2014	2015	2016
経済成長率	5.5	4.7	6.0	5.1	4.4
年度	2017	2018	2019	2020	2021
経済成長率	5.8	4.8	4.4	−5.6	−3.1

物価上昇率（単位：%）（マレーシア統計局）：

年度	2012	2013	2014	2015	2016
物価上昇率	1.6	2.1	3.2	2.1	2.1
年度	2017	2018	2019	2020	2021
物価上昇率	3.7	1.0	0.7	−1.2	2.5

失業率（単位：%）（マレーシア統計局）：

年度	2012	2013	2014	2015	2016
失業率	3.0	3.1	2.9	3.1	3.4
年度	2017	2018	2019	2020	2021
失業率	3.4	3.3	3.3	4.5	4.6

貿易額（単位：億リンギット）（マレーシア統計局）：

年度	2012	2013	2014	2015	2016
輸出額	7,026.4	7,199.9	7,654.2	7,773.6	7,869.6
輸入額	6,066.8	6,487.0	6,829.4	6,857.8	6,988.2
年度	2017	2018	2019	2020	2021
輸出額	9349.3	10,035.9	9,950.7	9,809.9	12,398.0
輸入額	8364.2	8,798.0	8,494.1	7,961.9	9,872.4

貿易品目：

1）輸出：電気製品、パーム油、化学製品、原油・石油製品、LNG、機械・
　　器具製品、金属製品、科学光学設備、ゴム製品等

2）輸入：電気製品、製造機器、化学製品、輸送機器、金属製品、原油・
　　石油製品、鉄鋼製品、科学光学設備、食料品等

貿易相手国（マレーシア統計局）：

⑴輸出

年度	2016	2017	2018	2019	2020
1位	シンガポール	シンガポール	シンガポール	中国	中国
2位	中国	中国	中国	シンガポール	シンガポール
3位	米国	米国	米国	米国	米国
4位	日本	日本	香港	香港	香港
5位	タイ	タイ	日本	日本	日本

⑵輸入

年度	2016	2017	2018	2019	2020
1位	中国	中国	中国	中国	中国
2位	シンガポール	シンガポール	シンガポール	シンガポール	シンガポール
3位	日本	米国	米国	米国	米国
4位	米国	日本	日本	日本	日本
5位	タイ	台湾	台湾	台湾	台湾

通貨：リンギット（Ringgit）

▶ 経済協力

日本の援助実績（2020年度までの累計）（単位：億円）：

1）有償資金協力　9,238億円（借款契約ベース）

2）無償資金協力　152億円（交換公文ベース）

3）技術協力　1,201億円（JICA経費実績ベース）

主要援助国ODA実績（2019年OECD／DAC）（単位：百万ドル）：

1）日本（42）　2）英国（14.9）　3）ドイツ（14.7）

▶ **二国間関係**

経済関係：

1）対日貿易

ア）貿易額

年度	2012	2013	2014	2015	2016
輸出（マレーシアから日本）	26,213	29,012	30,867	26,015	18,781
輸入（日本からマレーシア）	14,127	14,873	14,966	14,526	13,183
年度	2017	2018	2019	2020	2021
輸出（マレーシアから日本）	21,619	20,910	19,263	17,005	21,663
輸入（日本からマレーシア）	14,313	15,387	14,490	13,435	17,136

イ）品目

輸出：鉱物性燃料（LNG等）、電気・電子機器、化学製品等

輸入：電気・電子機器、機械類、自動車、輸送用機器等

2）日本からの直接投資（製造業・主要投資認可額）

年度	2012	2013	2014	2015	2016
日本からの直接投資	2,793	3,592	10,870	4,009	1,862
年度	2017	2018	2019	2020	2021
日本からの直接投資	1,311	4,133	3,792	1,651	2,299

在留邦人数：24,545人（2022年、外務省・海外在留邦人数調査統計）

在日マレーシア人数：10,561人（2022年6月末、法務省統計）

（注）上記「1　基本情報」は外務省HPを元にしている。

2　市場の特徴（市場環境）

▶マレー系はハラル取得が必須

　マレーシアの小売市場規模は12.8兆円で、5番目に大きな市場です。そしてこの市場もまたインドネシア同様にハラル認証が必要な国の1つです。インドネシアの場合、約87%がイスラム教徒であるのに対して、マレーシアは61%がイスラム教徒なので、ハラル認証の必須の度合いはインドネシアよりは若干低いです。中華系の仏教徒も20%いますし、キリスト教も9%、ヒンドゥー教徒も6%います。中華系マーケットや、日本食品専門店を狙えばハラル認証は不要ですが、やはりマーケットが小さすぎるので、それなりに大きなビジネスを展開する場合はハラル認証の取得は必須になります。

　実際に、マレーシアの主要な近代小売と商談しても、ハラル認証のない商品はメインの棚には置かれず、輸入品棚やアジア食品、日本食品コーナーに陳列されてしまうので、その棚の前には本来狙うべきマレーシアの中間層は来ず、購買者は日本人駐在員や外国人が中心となってしまいます。

　もちろん、近代小売でメインの棚に置かれない商品ですので、伝統小売へ

図表8-1　マレーシアの小売市場規模（2022年）

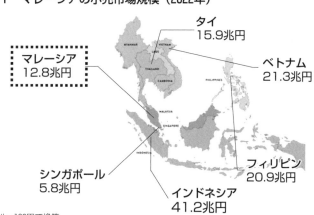

タイ
15.9兆円

ベトナム
21.3兆円

マレーシア
12.8兆円

フィリピン
20.9兆円

シンガポール
5.8兆円

インドネシア
41.2兆円

注：US1ドル=136円で換算。
出所：Euromonitor、及び各国政府発表のデータを元にスパイダー・イニシアティブにて推計。

持って行っても全く相手にされずということになります。

　結局のところハラル認証とは、主要な小売の主要な棚に商品を並べるために必要なチケットのようなもので、そのチケットがなければ商品は決して主要な棚には並びません。商品が並ばないとこうことは、その商品は存在しないのと同じことなのです。

　マレーシア人にとって、ハラルであるか否かというのはどういった感覚なのかというと、もちろん、イスラム教に対する敬虔さの度合いには個人差があるので全てが当てはまるとは言いませんが、彼らにとってハラルは何か特別に大袈裟なものではなく、彼らの生活の中にもっと当たり前にあるもので、私達に例えると、食品は賞味期限が切れる前に食べるということや、食が関わる場所は常に衛生的な環境にするといったぐらいに、当たり前のことなのです。そうであるならば、やはりその地で商品を提供する側が、彼らの当たり前に合わせていくことは当然のことなのです。

▶60：40の近代小売と伝統小売の攻略

　SMTの一角を担うマレーシアの伝統小売の比率は、VIPと比べると低く、図表8-2の通り、現在60%程度です。逆に言うと小売の近代化が進んでいるということになります。

　マレーシアは、私がシンガポールに住んでいた1980年代や1990年代と比較すると、マハティール前首相が提唱した「ルックイースト政策（東方政策）」（※）により途轍もない発展を果たしました。当時のシンガポールにおけるマレーシアのイメージと言えば、シンガポールよりも圧倒的に遅れた国で、シンガポールよりも安い労働力で生産工場を出す国であり、マレーシア人＝肉体労働者というイメージでした。実際に、シンガポールでも多くのマレーシア人がビル建設や道路工事などの肉体労働に従事していました。

（※）：「ルックイースト政策（東方政策）」とは、1981年にマハティール前首相が提唱した構想で、日本及び韓国の成功と発展の秘訣が国民の労働倫理、学習・勤労意欲、道徳、経営能力等にあるとして、両国からそうした要素を学び、マレーシアの経済社会の発展と産業基盤の確立に寄与させようとするマレーシア政府の政策です。出所：在マレーシア日本国大使館

図表8-2 マレーシアの小売市場

◆主に食品、日用品を取り扱う主要な近代小売チェーンの店舗数の合計

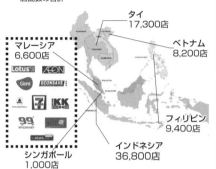

◆小売市場（食品及び、日用品カテゴリー）における近代小売と伝統小売の比率（金額ベース）

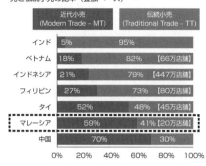

出所：Euromonitorのデータを元にスパイダー・イニシアティブにて推計。

しかし、あれから30年あまりが経過し、マレーシアは劇的な成長を遂げました。首都クアラルンプールだけを見れば、シンガポールとほぼ遜色のないレベルにまで発展しています。当時のクアラルンプールの姿はもうそこには見当たりません。シンガポールの工事現場にももうマレーシア人の姿は見当たりません。マレーシア国内ですら多くの肉体的な労働は国外からの移民により調達しています。私はあの当時を知っているだけに、この30年の発展に驚きを隠せません。

マレーシアの発展を少し数字でも見ていきましょう。図表8-3は、1990年と2019年のASEAN6のGDP（国内総生産）と一人当たりGDPの比較です。この30年の成長を正確に比較するにはパンデミック前のデータで比較することが妥当と考え、2019年のデータを活用しています。まず、1990年当時、440億ドルだったGDPは、8倍以上の3,647億ドルへ。一人当たりGDPも、1990年の2,442ドルが、4.6倍の11,414ドルまで成長しています。

図表8-3　ASEAN6のGDP比較

◆ ASEAN 6 の GDP 比較　1990 vs 2019　　　　　　　　　　単位：億ドル（USD）

	Japan	Singapore	Malaysia	Thailand	Indonesia	Philippines	Vietnam
2019	50,820	3,721	3,647	5,435	11,190	3,768	2,619
1990	31,330	361	440	853	1,061	443	65

◆ ASEAN 6 の一人当たり GDP 比較　1990 vs 2019　　　　　単位：ドル（USD）

	Japan	Singapore	Malaysia	Thailand	Indonesia	Philippines	Vietnam
2019	40,247	65,233	11,414	7,807	4,136	3,485	2,715
1990	25,359	12,763	2,442	1,509	585	716	95

出所：世界銀行、IMF発表の数字を元にスパイダー・イニシアティブにて作成。

　国土と人口に対して、効率良い経済成長が実現できたからこそ、第3章5で解説した小売の近代化を支えるその他のインフラが近代化し、小売そのものも近代化できたのです。

　近代小売の比率が60％まで来ると、近代小売だけでもそれなりのシェアや売上を確保することは可能です。しかし、マレーシアの場合は、ハラルの問題があるので、60％の近代小売の中でのハラム（ハラルでないモノ）市場がターゲットとなると、やはり不十分と言わざるを得ず、ハラルが必要な市場ということになります。

▶年間2,580万人の観光客と近隣諸国への波及効果

　ここマレーシアもシンガポール同様に観光大国であり、年間の観光客の数は2,580万人と、シンガポールの1,850万人を上回っています。ただし、マレーシアを訪れる観光客の全てが首都クアラルンプールを訪れるのではなく、ジョホールバルや、マラッカ、ペナンやコタキナバルなど多くの観光地に分散されるので、クアラルンプールだけではシンガポール程の訴求効率の高さはありません。

　しかし、年間2,580万人もの観光客がこれら観光地を訪れるということは、定住人口の3,350万人と合わせると5,200万人規模の市場があるということになります。また、年間2,580万人ともなれば、他のASEANを中心とした波及効果は非常に大きいと言えるでしょう。ASEANは単国で見てはだめで、

ASEAN6全体で見ていく必要のある市場なのです。

3　主要小売プレイヤー（流通環境）

▶ トップ5小売プレイヤーの紹介

まず最初は、Lotus's（ロータス）です。ロータスは元々はTesco（テスコ）ブランドで展開しており、タイの大手財閥チャロン・ポカパン（CPグループ）と英国のスーパーマーケットチェーンのテスコのジョイントベンチャーとして1998年に設立されました。その後、Tesco Lotus（テスコ・ロータス）ブランドを経て、2021年にCPグループがテスコの東南アジア事業を買収し、Lotus's（ロータス）ブランドで新たに再出発しています。現在、62店舗を展開しており、マレーシアで最も主要な小売の1つです。

次が日本のAEON（イオン）で、ASEANで最もAEONの店舗数が多いのがマレーシアです。イオンは、AEON Mall / Shopping Centre（イオンモール/ショッピングセンター）、AEON Store（イオンストア）、AEON Max Value（イオンマックスバリュー）、AEON Wellness（イオンウェルネス）、DAISO（ダイソー）の5ブランドで展開しており、それらの総店舗数は現在170店舗に及びます。

そして3番目はGiant（ジャイアント）です。ジャイアントは香港系小売大手のDairy Farm International（デイリーファーム・インターナショナル）が運営する小売です。現在、Giant（ジャイアント）ブランドのスーパーマーケットを77店舗と、ミニマートのGiant Mini（ジャイアントミニ）を12店舗展開しています。パンデミック後は、ミニマートであるジャイアントミニの出店に力を入れています。

4番目がECONSAVE Cash & Carry（エコンセーブ・キャッシュ&キャリー）です。エコンセーブ・キャッシュ&キャリーは、1955年にセランゴール州のポートクランという町で雑貨店として始まったのが起源で、現在では、マレーシア全土に100店舗程を展開しています。エコンセーブはとにかく安いというイメージの強いスーパーマーケットで、地元の中間層に愛されてい

図表8-4　マレーシアにおける主要小売プレイヤー

主要スーパーマーケット（推計売上規模順）

1. **Lotus's**
2. ÆON
3. Giant
4. ECONSAVE 真設省
5. The Store

コンビニエンスストア（店舗数順）

1. ７-ELEVEN（約2,400店舗）
2. 99 SPEEDMART（約2,000店舗）
3. Mesra & MALAYSIA（約800店舗）｝ペトロナスのガソリンスタンド併設店
4. KK（約572店舗）
5. myNEWS.com（約542店舗）

ます。

　最後は、The Store（ザ・ストア）です。ザ・ストアは、マレーシアで現存する最古のスーパーマーケットで、1968年にペナンでオープンしました。現在、ザ・ストアのブランドのスーパーマーケットが49店舗、Pacific Hypermarket & Department Store（パシフィック・ハイパーマーケット＆デパートメントストア）ブランドのハイパーマーケットが9店舗、そして、2005年よりグループに加わったMilimewa Superstore（ミリメワ スーパーストア）が17店舗で、グループ全体で80店舗程を展開しています。

　1994年には、The Store Group（ザ・ストアグループ）として、ブルサマレーシアに上場しています。

▶コンビニエンスストアの紹介

　続いてコンビニエンスストアの紹介です。最も店舗数の多いのはセブン-イレブンで、現在2,400店舗を展開しています。マレーシアのセブン-イレブンは1984年に首都クアラルンプールに1号店を出店しました。シンガポールの1号店出店の1年後です。以来、マレーシアを代表するコンビニエンスストアとして人々に支持されています。

　次が、99 Speed Mart（99スピードマート）です。99スピードマートは、1987年創業で、創業当時は雑貨店でした。現在では、マレーシア全土に

2,000店舗を展開し、セブン-イレブンに続く主要なコンビニエンスストアです。

3番手はMesra（メスラ）で、800店舗を展開していますが、全てペトロナスのガソリンスタンドに併設されています。

次がKK Super Mart（KKスーパーマート）です。KKスーパーマートは、2001年にコンビニエンスストア事業に参入し、現在572店舗を展開しており、当面の目標に1,000店舗を掲げています。

そして最後がmy NEWS（マイニュース）です。マイニュースは、その名からも連想しやすいですが、元々は新聞や雑誌の販売店として1996年に創業されました。その後、コンビニエンスストアに業態変更をし、現在542店舗を展開しています。

▶ 近代小売市場に関する考察

マレーシアの近代小売に関して、まず特徴的なのは、主要3大小売はいずれも外資系であるということです。ロータスはタイ資本ですし、イオンは日本資本、そしてジャイアントは香港系です。通常はどこも自国の小売が上位を占めるのですが、マレーシアは外資系が上位を占めています。

一方で、マレーシアでは、スーパーマーケットやハイパーマーケット、コンビニエンスストアなどの近代小売は、その資本割合や、販売している商品の一定割合をブミプトラ（マレー系）にしなければならないなどの規制があります。

ブミプトラとは、ブミプトラ政策のことで、内政上の重要課題として、各民族間の調和を図りつつ、相対的に貧困なマレー系の経済的地位を引き上げることを目的に、マレーシア政府が1971年から施行を開始した経済政策です。

また、マレーシアは人口がたかだか3,350万人ということもあり、主要3大スーパーマーケットは、店舗の拡大を図る段階にはある程度区切りをつけており、現在では、店舗拡大よりも、既存の小売ブランドや店舗のリブランディングやコンセプトリニューアルという動きを強めています。

また、大型店の展開よりも、ミニスーパーなどの小型店の新設を図る動き

を見せています。パンデミックで需要が急激に拡大したオンラインと同様に小型店の需要度も増したためです。

　コンビニエンスストアに関しては、消費者は身近なところでの買い物志向が強くなっているという動向分析に基づき、引き続き店舗数の拡大を続けています。

▶伝統小売市場に関する考察

　マレーシアの伝統小売に関して、まず最初に言えることはその比率です。マレーシアは、先進ASEANであるSMTの一角であり、新興ASEANのVIPに比べると、小売流通総額に占める伝統小売経由の比率が約60％ということです。そして、その店舗数はおおよそ20万店と、ベトナムの66万店や、フィリピンの80万店、インドネシアの447万店と比較すると少ないことがわかります。

　マレーシアはマレー半島に位置する西マレーシアとボルネオ島に位置する東マレーシアに分けられ、13州で構成されています（図表8-5）。11州が西マレーシアで、2州が東マレーシアにあります。伝統小売が最も多いのは、首都クアラルンプールのある西マレーシアのセランゴール州です。その他、西マレーシアで多いのは、クランタン州やジョホール州やペラ州などが挙げられます。

　東マレーシアの2州のサラワク州とサバ州も多いのですが、広大な東マレーシア全体に分散しているため、営業効率や配荷効率を考えるとやはり西マレーシアの方が東マレーシアよりも優先されます。

　マレーシアの伝統小売のもう1つの特徴としては、絶対数はVIPに比べると少ないですが、商品単価は高く、また消費者が求めているのは、バラ売によるキャッシュフロー的なメリットというよりかは、買いやすい場所という利便性の方が大きく、同じ伝統小売でもVIPのそれとは少々異なります。見た目的にも明らかに綺麗であり、ちょっとした地域の商店に近いイメージです。

　今後のマレーシアの伝統小売は、VIP（ベトナム、インドネシア、フィリ

図表8-5　マレーシアを構成する主要な島と州

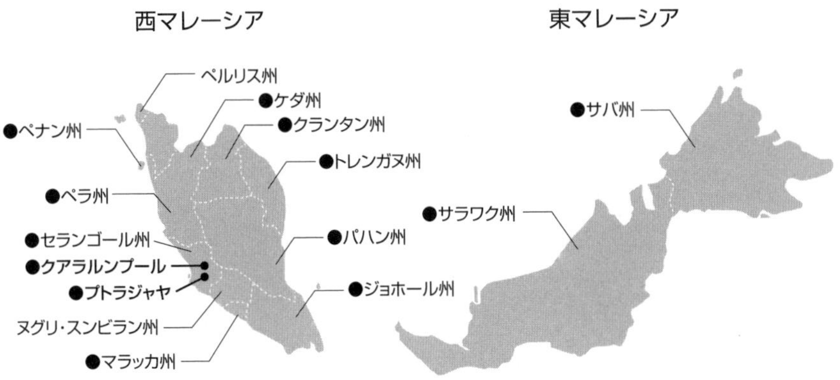

西マレーシア　　　　　　　　　　　　東マレーシア

・ペルリス州
●ケダ州
●クランタン州
●トレンガヌ州
●ペナン州
●ペラ州
●セランゴール州
●クアラルンプール
●プトラジャヤ
ヌグリ・スンビラン州
●マラッカ州
●パハン州
●ジョホール州
●サバ州
●サラワク州

出所：マレーシア政府観光局。

ピン）とは異なり、国の近代化に応じてある程度早いペースで減少していく可能性が高いと考えます。もちろん、ゼロにはなりませんが、多くはコンビニエンスストアなどに置き換わっていくと考えます。

　そもそも人口も3,260万人と少なく、シンガポールに次いで近代化されつつある国家であり、伝統小売の数も20万店と少ないので、今後の伝統小売市場は徐々に縮小していくでしょう。それでも半分以上はデジタル化により新しい次元のより便利な伝統小売として生まれ変わり、引き続き生き残ると考えています。

　伝統小売1つ取っても、国の状況によって成長するのか、衰退するのかは大きく異なるため、各国で異なるということを認識しなければなりません。

4　主要ディストリビューター（流通環境）

▶主要ディストリビューターの紹介

　まず最初は、マレーシアにも展開しているDKSHの登場です（第2章4参照）。DKSH Malaysiaは、マレーシア全土に25の事業所と220の2次卸をネットワークし、16,000店の小売に配荷しています。ここでもマーケティン

グから販売員の提供、流通、ロジスティックス、請求と与信の管理、在庫と
返品の処理等、包括的なサービスを提供しています。

　主要な取り扱いブランドとしては、食品では米Lay'sやM&Ms、そして
Snickersなど、スキンケア領域では、米Vaselineなどです。日本企業の商品
の取り扱いも多く、ユニチャームや亀田製菓、サントリー、久光、マンダム、
バンダイなどの商品も取り扱っています。

　次はETIKA（エティカ）です。エティカは、飲料専門の製造販売会社で、
海外の有名ブランドの飲料のマレーシア国内での生産と販売の両方を行う企
業です。飲料業界だけに純粋なディストリビューターではなく、メーカーと
しての側面も持った製造販売会社です。エティカは、マレーシア市場におい
て、欧米企業を中心としたPepsiや、Mirinda、7up、Gatorade、Lipton、
Tropicana、Kickapoo、Mountain Dewなど18ブランドの飲料を提供する会
社で、唯一の完全にハラルに対応した飲料会社です。日系ブランドでは、
CalpisやWondaなどを取り扱っています。

　エティカは、マレーシアとシンガポールで強固なディストリビューション・
ネットワークを持ち、40,000店を超える小売に直販しています。

　次は、Delfi（デルフィ）です。デルフィは、マレーシア東部と西部の約
35,000店舗に配荷しており、コンシューマーグッズ、パーソナルヘルスケア、
医薬品、及び、獣医製品の流通における最大手のディストリビューターです。

　取り扱いブランドは、米Huggies（紙おむつ）、Kotex（生理用品）、
Kleenex（ティッシュ）、3M、Scotch Brite（日用品）、Hersheys（食品）な
どを取り扱っています。

　最後はYEE LEE（イーリー）です。イーリーは西マレーシアと東マレー
シアの主要な都市に16の支店を構えています。各支店には倉庫が併設されて
います。食用油やミネラルウォーター、お茶、オーラルケア、日用品などの
取り扱いが主で、商品によっては製造までも手掛ける大手ディストリビュー
ターに成長しています。

　事業はグループ会社を通じて多角化しており、ヤシとお茶のプランテーシ
ョン事業も行っています。

▶ディストリビューターの特徴

マレーシアは、マレー半島の西マレーシアと、ボルネオ島の東マレーシアが海を挟んで2分されており、マレーシア全土にくまなく商品を流通させられる大手ディストリビューターは限られているのが現状です。

そして、それら大手のディストリビューターは、マージンもそれなりの比率を求めてくるため、マレーシアに製造拠点を置くメーカーでは各地の中小規模のディストリビュータを自らが何社も束ねて、メーカーの営業が小売をケアし、ディストリビューターがデリバリーに専念する形態を取る独自のディストリビューション・ネットワークを構築している場合が多いのです。

そのためこれら大手のディストリビューターは、輸入品を扱うケースが多いです。大手はこうした輸入品の輸入通関から、ディストリビューション、セールス＆デリバリー、プロモーションまでの様々なマーケティング機能も持っており、一気通貫でサービスを提供しています。

5　販売チャネル戦略

▶近代小売の絶対攻略の必要性

ここまで解説した通り、マレーシア市場は、伝統小売の絶対数がVIPと比べ少なく、市場は首都クアラルンプールやジョホール州を中心に成熟しており、シンガポールに近い市場です。そのため、VIPのように近代小売で商品を広め、伝統小売で実利を得るといった構造を作ることはできません。基本的には近代小売で稼がなければなりません。

もちろん、そもそもの近代小売の数は6,600店舗と少ないですが、VIPと比較すれば、GDPや一人当たりGDPははるかに高く、商品単価は高く設定できます。ハラルの問題を除けば、日本企業にとっては幾分も取り組みやすい市場であることは間違いありません。

スーパーマーケットであれば、ロータス、イオン、ジャイアント、コンビニエンスストアであれば、セブン−イレブン、99スピードマート、KKスーパーマートにおける存在感は明確に打ち出さなければなりません。そこでど

れだけ売れているか、どれだけ目立った陳列がされているかが他の近代小売へも波及しますし、他の近代小売との交渉力にも大きく影響していきます。その上で、首都クアラルンプールのあるセランゴール州やクランタン州、ジョホール州やペラ州などの伝統小売の数が多い州を中心にディストリビューション・ネットワークを構築していくことが望ましいでしょう。

▶ 準大手や中堅クラスのディストリビューターの活用

　実際に、これら主要な近代小売と一部の州の伝統小売を攻略する上で重要となってくるのが販売チャネルになるわけですが、これだけ成熟した市場において、後発で最大手クラスのディストリビューターを最初から活用するというのは、あまり現実的な選択ではありません。

　そもそもメーカー側がそれなりに明確な投資方針を示さない限り、これらのディストリビューターは取り扱いをしないでしょう。仮に取り扱いをしてくれたとしても、やはり既存のプリンシパル（既存ブランド）が最重要であり、新規の商品への経営資源の投下は質と量で限られる傾向にあります。特に、メーカー側が明確な投資方針を示していなければそれは顕著に現れてきます。そうなれば、せっかく大手と組んだのに、数年たっても成果が出ずに互いが責任を相手になすりつけ、最終的には契約は解消され、ディストリビューターにはさほどのダメージは残りませんが、メーカーは無駄な時間という大きなダメージを受けることになります。

　したがって、現実的には本章5で解説したような中小規模のディストリビューターを活用する方法がベターとなります。本書では、いずれの国においても、一部の代表的なディストリビューターしか紹介していませんが、実際には、商品カテゴリー別に様々な有力な準大手や中堅クラスのディストリビューターが存在します。それらをパズルのように組み合わせ最適な販売チャネルを作っていくことが重要になります。

　現産現販の場合は、基本的には、近代小売は自社で直販することが望ましいです。直接に本部商談をすることで、主要小売との関係性も強くなり、コミュニケーションを続けていく限り、クリアすべき課題はより可視化され、

同時に小売との様々な可能性が生まれてきます。

　伝統小売に関しては、自社の商品の特性に合わせ、本章2で解説したPGモデルかネスレリーバモデルでディストリビューション・ネットワークを構築し、その管理に徹底するのが望ましいです。その際に、デリバリーと合わせて、どこまでのセールス活動をやらせるのか。また自社のセールスはどこまで介在し、何を主たる業務とするのかといった役割分担を明確にしておくことが重要です。

　そして、常にKPIは、間口数と店頭販売数です。間口数を上げるのはディストリビューターの役割ですが、店頭販売数を上げるのは、近代小売でのプレゼンスと、プロモーション投資に左右されるため、メーカーの役割であることを忘れてはいけません。

　マレーシアは、ハラルの問題さえクリアできれば、日本企業が得意とする近代小売中心の市場ですし、伝統小売も密集している州をドミナントで攻略すれば良いので、ASEANの中では比較的取り組みやすい市場であることは間違いありません。したがって、いち早くこれらを加味した自社の型を作ることが重要なのです。

▶力を入れすぎないことも重要

　最後に、マレーシア市場に関して、1つアドバイスをするとすれば、「あまり力を入れすぎない」ということも重要です。ASEANは1カ国で見るのではなく、常にASEAN6全体を捉え、そこへの経営資源の配分が重要になります。将来性を見ても経営資源の大半はVIPに投資されるべきであり、マレーシアだけにとらわれてしまうとROI（Return On Investment—投資収益率）の悪い投資にもなりかねません。

　また、そもそもハラルの問題をクリアできなければ主要な近代小売で主要な棚に商品を並べたり、伝統小売で商品を並べることはできませんので、インドネシアのハラル市場の攻略と同時並行で進めることが、ROIを考えても最適です。市場の特性としてはシンガポール寄りなので、シンガポールの延長線上で進めたいのは山々ですが、その側面も持ちながら、ハラルに関して

は、インドネシアとタイミングを合わせていくことも重要です。戦略の型としてはシンガポールですが、タイミングはインドネシアです。

第9章

タイ

1 基本情報

▶一般情報

面積：51万4,000平方キロメートル（日本の約1.4倍）

人口：6,609万人（2022年タイ内務省）

首都：バンコク

民族：大多数がタイ族。その他華人、マレー族等

言語：タイ語

宗教：仏教94%、イスラム教5%

▶政治体制

政体：立憲君主制

元首：マハー・ワチラロンコン・プラワチラクラーオチャオユーフア国王陛下（ラーマ10世王）（2016年10月即位）

議会：下院500議席（公選）

上院250議席（任命）

（なお、憲法の経過規定により、上院は当初5年間のみ250議席。それ以降は200議席。）

政府：1）首相名　プラユット・ジャンオーチャー（注）国防大臣兼務

2）外相名　ドーン・ポラマットウィナイ（注）副首相兼務

▶経済

主要産業：農業は就業者の約30%を占めるが、GDPでは10%未満にとどまる。一方、製造業の就業者は約15%だが、GDPの約30%と最も高い

割合を占める。また、タイ経済の柱は観光であり、例えば、新型コロナウィルス感染症拡大前の2019年には海外からの観光収入が605億ドル（世界第4位）となっている。なお、これはタイのGDPの約12%に匹敵する額である。

GDP（名目）（2022年タイ国家経済社会開発委員会）：4,952億ドル

一人当たりGDP（2022年タイ国家経済社会開発委員会）：7,089.7ドル

経済成長率（2022年タイ国家経済社会開発委員会）：2.6%

消費者物価指数（総合）（タイ商務省）：6.1%（2022年）、1.2%（2021年）

失業率（2022年第4四半期タイ国家統計局）：1.2%

貿易額（2022年タイ商務省）：1）輸出2,871億ドル

　　　　　　　　　　　　　 2）輸入3,032億ドル

貿易品目（2022年タイ商務省）：

　1）輸出：機械、自動車・同部品、電機機器・同部品

　2）輸入：原油、電機機器・同部品、機械・同部品、化学品

貿易相手国（2022年タイ商務省）：

　1）輸出：米国（16.6%）、中国（12.0%）、日本（8.6%）

　2）輸入：中国（23.4%）、日本（11.4%）、米国（6.0%）

通貨：バーツ（Baht）

▶ 経済協力

日本の援助実績：

年度	円借款	無償資金協力	技術協力
2014	－	2.31	17.43
2015	382.0	11.68	23.95
2016	1,668.6	2.38	25.62
2017	－	4.30	26.92
2018	－	1.57	26.78
2019	94.34	0.14	28.27
2020	－	1.74	16.74
累計（億円）	23,789	1,727	2,390

▶二国間関係

経済関係：

1）日本からタイへの輸出入（日本財務省）

ア）貿易額（財務省貿易統計、単位：億円）

年度	2010	2011	2012	2013	2014	2015	2016
輸出（タイへ）	29,937	29,885	34,889	35,072	33,198	33,870	29,744
輸入（タイから）	18,400	19,532	18,857	21,503	22,995	24,711	21,896
年度	2017	2018	2019	2020	2021	2022	
輸出（タイへ）	33,004	35,625	32,906	27,226	36,246	42,674	
輸入（タイから）	25,502	27,707	27,651	25,401	28,931	35,000	

イ）主要品目（タイ商務省）

タイから日本への輸出：電気機器、機械、自動車・同部品、加工鶏肉等

タイの日本からの輸入：鉄及び鉄鋼、機械・同部品、自動車関連の部品電気機器・同部品

2）日本からタイへの直接投資（タイ投資委員会、認可ベース）：

年	件数	金額（バーツ）
2014	417	1,819億3,200万
2015	451	1,489億6,400万
2016	296	808億1,100万
2017	270	918億100万
2018	315	936億7,500万
2019	217	880億6,700万
2020	210	643億5,709万
2021	189	735億287万
2022	216	499億6000万

（2022年時点、日本はタイにとって外国直接投資額の内15.6％を占める最大の投資元）

在留邦人数：78,431人（2022年10月）

在日タイ人数：54,618人（2022年6月、外国人登録者数）

（注）　上記「1　基本情報」は外務省HPを元にしている。

2　市場の特徴（市場環境）

▶財閥が牛耳る近代小売市場

　タイの小売市場規模は、15.9兆円で、ASEAN6の中で4番目に大きな市場です。そしてその市場は、財閥系小売グループと45万店の伝統小売によって形成されています。

　タイ市場の特徴としては、インドネシアやフィリピンと同様に、あらゆるインダストリーにおいて財閥が市場を牛耳っているという点です。これは小売セクターにおいても例外ではなく、主に、タイの大手財閥であるチャロン・ポカパン（CP）グループとセントラルグループによって牛耳られています。

　CPグループは、タイの大手財閥の1つで、食品、農業、小売、不動産、エネルギー、金融、テレコム、医療・福祉など、多角的な事業を展開しています。

　食品業界において大手の1つであり、鶏肉、豚肉、シーフード、米、野菜、果物などの生産・販売を手掛けています。また、海外進出も進めており、中

図表9-1　タイの小売市場規模（2022年）

注：US1ドル＝136円で換算。
出所：Euromonitor、及び各国政府発表のデータを元にスパイダー・イニシアティブにて推計。

国、インド、ヨーロッパ、米国などにも進出しています。不動産開発事業では、ショッピングモール、オフィスビル、住宅地、リゾート地などの不動産を所有・運営しています。また、エネルギー関連事業も手掛けており、石油・ガスの生産・販売、風力発電、バイオマス発電などにも進出しています。

　さらに、タイの金融業界にも進出しており、銀行や保険会社などを子会社として所有しています。その他、医療・福祉事業にも進出しており、病院や介護施設の運営も手掛けています。

　小売業界においては、スーパーマーケット、デパート、コンビニエンスストアなどの小売業を展開しており、タイ国内の小売業界において最も有力な存在となっています。いずれの小売形態においても、CP傘下の小売がトップに君臨しています。その1つがセブン–イレブンですが、タイには13,100店舗以上ものセブン–イレブンがあり、日本の21,300店舗に次いで世界第2位です。タイのその他のコンビニエンスストアが1,000店舗足らずなので、全く競争になっていません。また、シンガポールのセブン–イレブンが430店で、マレーシアとフィリピンでもそれぞれ2,400店と3,250店なので、他のASEANのセブン–イレブンと比較してもダントツの店舗数です。

　そして驚くのはコンビニエンスストアだけでなく、180店舗程を展開するタイの最大スーパーマーケットであるロータスもCP傘下なのです。その他、ハイパーマーケットは214店舗、コンビニエンスストアは1,570店舗以上持っています。また、業務用卸売スーパーのmakro（マクロ）もCP傘下です。

　一方で、セントラルグループは、タイで2番手に位置するビックCを筆頭に、ハイパーマーケットを150店舗以上、CVSは1,350店舗以上保有しています。Robinson（ロビンソン）やWatsons（ワトソンズ）、Tops Market（トップスマーケット）もセントラルグループ傘下です。

　セントラルグループも、タイの大手財閥の1つで、小売、不動産、ホテル・観光、金融など、多岐にわたる事業を展開しています。小売業に関しては、百貨店、スーパーマーケット、ハイパーマーケット、コンビニエンスストアなどの業態を展開しています。近年は、オンラインショッピング事業にも力を入れています。不動産開発事業も手掛けており、ショッピングモール、オ

フィスビル、住宅地、ホテルなどの不動産を所有・運営しています。また、ホテルやリゾートの運営も手掛けており、高級ホテルや中規模ホテル、バンコク市内には複数のショッピングモールを併設した複合型ホテルも展開しています。

CPグループと同じくタイの金融業界にも進出しており、銀行や保険会社などを子会社として所有しています。その他、ファッションや美容業界にも進出しており、ファッションブランドや美容サロンなども展開しています。

このようにタイの主要な小売はいずれの小売業態においてもこれら財閥系の傘下であり、彼らとのビジネス関係をしっかり構築しない限り、タイの主要小売でプレゼンスを発揮することはできないのです。どの小売が、どの財閥系列なのかを把握し、どこからどう攻略していくのかというプランを戦略立てて作り上げる必要があるのです。

▶ 首都バンコクに富が集中

新興国市場はいずれの国においても、国単位で見るのではなく、首都や主要都市単位で見なければ意味がありません。なぜなら、多くの場合、首都やそれに代わる主要都市に富が集中しており、様々な経済指数を国全体の平均値として見ていると、首都や主要都市との差が大きく実態を読み違えてしまうためです。例えば、一人当たりGDPを見ても、タイ全体で見ると7,807ドルですが、バンコクだけを見ると20,000ドルを超えており、全国平均の2倍以上あります。また、バンコクの経済規模は、タイのGDPの約50％程度あり、首都バンコクに富が集中していることがわかります。

このような市場において、日本の消費財メーカーが参入を試みる際には、やはりバンコクに集中し、バンコクから開始するのがROI（Return on Investment – 投資収益率）を考えても適切と判断します。つまりは、タイを攻めるのではなく、バンコクを攻めるということであり、これはタイに限らず、マレーシアでも、フィリピンでも、インドネシアでもベトナムでも、国全体を参入市場と捉えるのではなく、首都や主要都市として捉える必要があるのです。特に参入初期段階は首都やそれに代わる都市にフォーカスし、

そこから徐々に規模の大きい都市を攻略していくというのが順当です。

▶年間3,980万人の観光客と近隣諸国への波及効果

　タイの人口は6,617万人ですが、これら定住人口に加え、交流人口である観光客がおおよそ3,980万人いることを忘れてはいけません。タイは、世界でも有数の観光地であり、主にバンコク、プーケット、チェンマイ、サムイ島、パタヤ、クラビなどがその訪問先の対象となっています。タイの観光産業は、GDPの約20％を占めており、国内外から多数の雇用を生み出しているのです。

　どの国の人々がタイを訪れているのか、パンデミック前の2019年のデータを見てみると、圧倒的に多いのがASEAN圏内の人々で、おおよそ30％に迫る勢いです。次が中国で20％強あります。その後は、ロシア、インド、韓国、日本と続きます。

　こうした側面からも、ASEAN圏内での人の移動が最も多く、先進ASEANであるSMTの一角を担うタイでのプレゼンスは十分に他のASEAN諸国にも波及するのです。

3　主要小売プレイヤー（流通環境）

▶トップ5小売プレイヤーの紹介

　まず1社目はLotus's（ロータス）です。ロータスは、タイの小売大手の1つで、タイの大手財閥チャロン・ポカパン（CP）グループ傘下の小売です。ロータスは、タイ全土に展開しており、スーパーマーケット、ハイパーマーケット、デパート、ホームセンターなどの小売店舗を運営しています。

　ロータスは、広範な商品ラインナップを提供しており、食料品、衣料品、家庭用品、家電製品、自動車部品、そして農産物などを取り扱っています。

　また、タイの小売業界においてデジタル化に積極的に取り組んでおり、特にパンデミック以降、オンラインショッピングにおける機能を格段に向上させました。

図表9-2 タイにおける主要小売プレイヤー

主要スーパーマーケット（推計売上規模順）		コンビニエンスストア（店舗数順）	
1. Lotus's		1. （約13,134店舗）	
2. Big C		2. FamilyMart （約904店舗）	
3. makro		3. CJ EXPRESS （約720店舗）	
4. Tops market		4. LAWSON （約142店舗）	
5. AEON			

　さらに、業界をリードする立場として、エコフレンドリーな取り組みに積極的で、ゴミ減量プログラムやリサイクルプログラムを実施しています。社会貢献領域においても、多くの社会貢献活動にも取り組んでおり、慈善活動や社会福祉事業に積極的に貢献しています。

　次は、Big C（ビックシー）です。ビックシーは、先で説明した通りセントラルグループの傘下です。ロータス同様に食料品、衣料品、家庭用品、家電製品、自動車部品、そして農産物など、幅広い商品ラインナップを提供しています。また、特にパンデミック以降、ロータス同様に最新技術の導入に積極的に取り組みオンラインショッピングサイトの強化とデジタル化に力を入れています。

　エコフレンドリーな取り組みにも積極的で、ゴミ減量プログラムやリサイクルプログラムも実施しています。また、多くの社会貢献活動にも取り組んでおり、慈善活動や社会福祉事業に積極的に貢献しています。

　3番目は会員制の業務用スーパーマーケットのmakro（マクロ）です。会員制業務用スーパーマーケットとは、日本で言うところの米Costcoです。そして、マクロもまたCPグループの傘下です。

　マクロは1988年に創業され、今ではタイ全土に142店舗を展開しています。会員制の業務用スーパーなので、大量購入による割引や、専門的な商品ラインナップを提供することで、中小事業者からの支持を得ています。また、インターネットを通じて商品の注文ができるオンラインショッピングサイトも

運営しており、中小規模の事業者にとっては便利なサービスとなっています。

　マクロは既にタイにおける小売業界の中で、大手のプレーヤーとして確固たる地位を築いており、今後も、中小事業者向けのサービスを充実させ、更なる成長が見込まれています。

　4番目はTops（トップス）です。トップスは、1980年代に創業され、現在ではスーパーマーケットとCVSの業態で200店舗以上を展開しています。高品質な商品をリーズナブルな価格で提供することで、幅広い顧客層から支持を得ています。

　トップスはオンラインショッピングにも力を入れており、パンデミック以降、オンラインにさらなる投資を行っています。なお、トップスも、セントラルグループの傘下です。

　そして5番目はイオンです。イオンは、バンコクに限定してスーパーマーケットとCVSの業態合わせて50店舗弱程を展開しています。

　その他のスーパーとしては、30店舗強を展開するVILLA MARKET（ヴィラマーケット）や、25店舗程を展開するFoodland Supermarket（フードランドスーパーマーケット）などがあります。

▶コンビニエンスストアの紹介

　次はコンビニエンスストアです。タイのコンビニエンスストアは、CPグループ傘下のセブン-イレブン一強で、その店舗数は13,134店舗と他のコンビニエンスストアと2桁違います。セブン-イレブンは、現在年間に700店舗の新規出店を目標としており、今後もさらなる拡大が期待されています。

　2番手は、ファミリーマートで現在900店舗程を展開しています。ファミリーマートの出店はバンコク首都圏に限定されています。2024年までに1,000店舗体制を目指しています。ファミリーマートはセントラルグループの傘下です。

　3番手は、CJ Express（CJエキスプレス）で、現在720店舗を展開しています。CJエキスプレスは、特に東北地方が強く、バンコク以外が90％を超えています。2024年までに1,500店舗体制を目標にしています。

そして最後がローソンです。ローソンは現在142店舗でバンコク首都圏に限定した出店です。

▶ 近代小売市場に関する考察

　タイの近代小売市場は急速に成長しており、タイの経済成長に大きく貢献しています。消費者の購買力が向上し、高品質な商品やサービスの需要が増えているため、多くの国際的な小売企業がタイに進出しました。これにより、タイの小売市場は、大手企業と地元企業の競争が激化しましたが、これまで解説した通り、タイの近代小売は、CPグループとセントラルグループを中心とした財閥系コングロマリット企業による買収が進み、現在では、上位に位置する近代小売はこれら財閥系企業の傘下となっています。特に、CPグループの小売市場における近年の台頭は著しく、タイの食料品を取り扱う近代小売市場における約6割を握っているとも言われています。

　また、タイの小売市場は、オンライン小売も急速に成長しており、特に若い世代の消費者にとっては、オンラインショッピングがますます重要な買い物の方法となっています。多くの小売業者がオンライン小売に注力し、オンライン小売市場はますます拡大しています。

　タイの近代小売の比率は約5割で、店舗数も17,000店舗以上あり、引き続き成長が見込まれる市場であるので、タイは、近代小売だけを対象に商品を販売しても主要近代小売をフルカバーできれば赤字にはならない市場です。

▶ 伝統小売市場に関する考察

　タイの伝統小売の比率に関しては、マレーシアと同様に図表9-3の通り50％程度であり、VIPのような7割、8割が伝統小売といった状況とは大きく異なります。それでも45万店存在するので、主要近代小売を攻略し黒字化した上で伝統小売に挑めるので、VIPのような、伝統小売である程度の間口を取るまで赤字が垂れ流される状態にはならず、それなりに腰を据えて時間をかけて進めることができるのは大きなメリットになります。首都のバンコクから、人口密度の高い主要都市を順立ててドミナントで攻め落としていけば

図表9-3　タイの小売市場

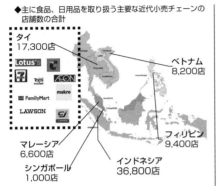

◆主に食品、日用品を取り扱う主要な近代小売チェーンの店舗数の合計

タイ
17,300店

ベトナム
8,200店

フィリピン
9,400店

マレーシア
6,600店

インドネシア
36,800店

シンガポール
1,000店

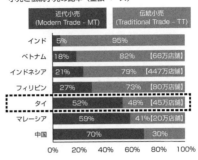

◆小売市場（食品及び、日用品カテゴリー）における近代小売と伝統小売の比率（金額ベース）

	近代小売 (Modern Trade - MT)	伝統小売 (Traditional Trade - TT)
インド	5%	95%
ベトナム	18%	82%【66万店舗】
インドネシア	21%	79%【447万店舗】
フィリピン	27%	73%【80万店舗】
タイ	52%	48%【45万店舗】
マレーシア	59%	41%【20万店舗】
中国	70%	30%

出所：Euromonitorのデータを元にスパイダー・イニシアティブにて推計。

良いわけです。

　伝統小売は、国家の近代化に伴い減少傾向にはありますが、小規模事業者なため今後も行政に守られ続けることを加味すると、そう急激に減少することはないと考えています。そして、その間に、伝統小売のデジタル化が進み、ますます便利な存在となり、ある一定の数まで減少した後は、一定数を維持し続けると考えられます。

4　主要ディストリビューター（流通環境）

▶主要ディストリビューターの紹介

　まず、DKSHタイは、タイで11,000人以上を雇用する、大手のディストリビューターの1つです。タイの事業はDKSHの世界全体の3割を占め、非常に重要な拠点となっています。DKSH Thailandは、様々な製品の調達、市場分析と調査、マーケティング、販売、流通、ロジスティクス、アフターサービスなどのサービスを提供しています。現在、主に4つのインダストリーで、550を超える多国籍企業及び地元企業にサービスを提供しています。日系企業も多く活用しています。

　次は、Sino-Pacific（シノパシフィック）です。シノパシフィックは、1970

年創業のファミリー企業です。世界各地から菓子や食料品を仕入れ、タイ国内に販売することを主としています。元々は、工業用に使用されるオランダのココアメーカー・バンホーテンのカカオパウダーの最初の輸入業者（インポーター）であり、主要なディストリビューターでした。その後、バンホーテンのチョコレートを輸入し始め、40年以上に渡り食品や菓子を輸入販売し、現在では、タイを代表する主要な食品及び菓子のディストリビューターとなっています。

　現在、チョコレート、菓子、スナック、ビスケット、飲料、及びその他の工業用製品の6つの主な製品、約70ブランドを取り扱っています。バンコク、パタヤ、チェンマイ、プーケットに合計4つの倉庫と、2次卸ネットワークを持ちタイ全土に配荷しています。

　その他、Sahapat（サハパット）社も主要なディストリビューターの1つです。食品や飲料、日用品などに強く、多くのグローバルブランドや日系ブランドを取り扱っています。

　また、CPグループ系のディストリビューターで、CP Consumer（シーピーコンシューマー）社もあります。当然ながらCP系列の小売への配荷を得意としており、合わせて伝統小売への配荷も行っています。

　Osotspa（オソサファ）社も大手です。飲料や菓子、パーソナルケア、ヘルスケア関連商品に強く、純粋なディストリビューターではなく、自社ブランドを持つメーカーです。しかし、一部、日系企業を含む海外企業の商品をディストリビューションしています。

▶ ディストリビューターの特徴

　タイは、流通構造全体の中であまりに小売の力が強く、ディストリビューターの相対的な地位が低いのが特徴です。財閥系の強固な小売に対して、本当に力のあるディストリビューターが限られています。

　また、タイは生産拠点という位置づけから製造業が多く、それら製造業が自社で小売への販売も行っているため、ディストリビューターを活用するというケースが少なく、多くのディストリビューターは、輸入品を取り扱うこ

とになります。それら輸入品も、ある一定以上の量で売れ始めると、海外メーカーもタイ国内での生産を始め、そうなると小売とは直接取引をすることになるため、ディストリビューターは不要になってしまいます。取引こそディストリビューター経由である場合でも、商談自体はメーカーが直接小売と行うので、ディストリビューターの役割は、商談で決まった内容の商品を在庫して収めるというデリバリー中心の役割になるので、マージンも低くなってしまいます。

　結局のところ、タイでは小売の力があまりにも強く、それら力のある小売に対して、強い影響力を持ったディストリビューターは非常に限られているということを覚えておいてください。皆さんが今後、新規にディストリビューターを探す際には、きっとこの問題に直面することになると思います。

　だからこその解決策に関しては、次の本章5で解説します。

5　販売チャネル戦略

▶首都バンコクの一点集中からスタート

　タイ市場への参入戦略で最もROIが良いのは首都バンコクの一点集中からスタートすることです。タイという国を攻めるのではなく、バンコクという首都（都市）を攻めるということです。理由は、タイの小売の近代化は5割まで進んでおり、その中心がバンコクであることと、バンコクの一人当たりGDPはタイ全体の一人当たりGDPの2倍以上あるため、バンコクを攻略することが最も効率が良いからです。

　まず一人当たりGDPから見ていくと、タイ全体の一人当たりGDPは、約7,800ドルであるのに対して、バンコクだけで見ると20,000ドル以上あるのです。

　さらに、小売の近代化が5割まで進んでいるということは、マレーシア同様に、近代小売だけを相手にビジネスをしても、ある一定の売上やシェアは得られる市場だということです。つまりは、近代小売だけ取り組んでいても赤字にはならないということです。VIPだとそうはいきません。近代小売だ

けを相手にしていては、ビジネスとしては拡大しませんし、現地法人があれば固定費がかかりますので永遠に赤字からは抜け出せません。近代小売には、必ずセットで伝統小売の攻略という問題がつきまといます。

　したがって、バンコクを中心に近代小売から攻略していくことが、現実的には最もROIが高くなります。また、バンコクでそれなりのプレゼンスを築けると、地方都市への波及はもちろんのことと、タイを訪れる年間約3,980万人の観光客への波及にも繋がっていきます。

▶財閥系小売を攻略する

　先でも解説した通り、タイの小売はCPグループとセントラルグループを中心とした財閥系が強く、特に、スーパーマーケットであればロータス、コンビニエンスストアであれば圧倒的にセブン‐イレブンでしっかり陳列をし、実績を出さないとならず、どのディストリビューターと取り組むのが良いのかを考える前に、どうやってそれら小売と強固な関係を築き、実績を上げていくのかを考えることが重要です。もっと平たく言うと、タイ市場では、ロータスとセブン‐イレブンに並ばなければ、商品が存在しないと同じと言っても過言ではないです。したがって、**誰と売るかよりも、誰に売るかが重要**だということです。「誰と」とは、「どのディストリビューターと」を指し、「誰に」とは、「どういった消費者に、どの小売を通じて」を指します。後者の方が、前者よりも圧倒的に重要だということです。ディストリビューター任せにして導入できない、もしくは、一度は導入したがしばらくして棚落ちした事例などごまんと見てきました。

　もう1点、実際に、これら財閥系の小売に導入が決まり、ディストリビューターを活用するとなった場合には、彼ら小売側にディストリビューターを紹介してもらうことが可能です。彼らは財閥グループですので、そのグループの中に必ず大中小様々なディストリビューターを保有しています。100％子会社でなくても、小売側のなんらかの息のかかったディストリビューターが必ず存在します。それらディストリビューターを小売側から紹介させることも1つの方法です。

　この場合、ディストリビューターのマージンを可能な限り少なく抑えることができます。なぜなら、既に小売とメーカーで合意している商品の小売への導入に、そのディストリビューターを介在させてあげるのだから、少ないマージンで取り組みなさいということになるわけです。その後の商売を考えても、ディストリビューターのマージンの大きさで悩むことがないのと、小売と直接に新商品の導入や施策の話を伝えるので、圧倒的にビジネスが行いやすくなります。実際に、私が代表を務めるアジア新興国市場に特化したマーケティング会社のスパイダー・イニシアティブ社のタイ市場における展開の多くはこの手法で行っています。結果として、弊社の顧客はタイ市場で財閥系の主要小売で高いプレゼンスを発揮し、大きな実績を築いています。

▶人口密度の多い地域から伝統小売を攻める

　近代小売の攻略が完了したら、次は伝統小売です。伝統小売も首都バンコクから順に人口密度の高い都市からドミナントで攻略することが望ましいです。伝統小売の数とは、人口に比例する側面があり、その密度が高ければ高いほど、伝統小売の密度も高くなる傾向があります。**数が少なく、密度も低い地域を攻略するよりも、数が多く、密度の高い地域を攻略する方が効率が良いので、常に意識しなければならないのは人口密度なのです。**

　現在、タイの伝統小売の比率は5割程で、店舗数で言うとおおよそ45万店存在します。この45万店の攻略にこそ、メーカー主導で選定したディストリビューターの活用が必要になるのです。伝統小売に強いディストリビューターを、どの地域に、何社活用し、どのようなディストリビューション・ネットワークを描くのかが大変重要です。

　第1章2で解説した通り、PG型をベースにするのか、それともネスレリーバ型をベースにするのかを判断していくことになります。特定のエリアで小さく始め、仮説検証を繰り返し、小さな実績を大きく育てる。その過程で、自社独自の販売チャネルの型を確立させて行かなければならないのです。

終章

....

販売チャネル診断のすすめ

1　販売チャネル診断とは

　最後に、本書のまとめとして、販売チャネル診断の重要性について述べたいと思います。

　販売チャネル診断とは、お客さまの海外市場における販売チャネルのパフォーマンスレベルを可視化し、さらなる成長に必要なチャネル・ケイパビリティを明らかにする診断です。

　海外市場において、自社の販売チャネルやディストリビューターに十分満足できている企業はそう多くはありません。「何かが足りない、何かを補わないといけない」そう感じながらも、具体的に何がどう問題で、どこをどう改善すれば良いのか、明確な答えを持っていない企業がほとんどです。

　また、コロナ禍で自由に国境を行き来することも、頻繁に商談相手に会うことも困難になると、この販売チャネルの問題は一段とその重要性を増していきました。なぜなら、強い販売チャネルを持っている企業とそうでない企業では、今まで以上に売上やシェアに明確な差が出てきたからです。

　日本企業のASEAN6における販売チャネルを読み解いていくと、そもそもチャネル・ストラクチャーが適切ではないケースや、物理的にターゲットには到達できないケース。さらには、競合との差が永遠に埋まらないどころか、開き続けるケースなど、脆弱な販売チャネルが多々見受けられます。どれだけ優れた商品も、販売チャネルが劣っていればターゲットには届きません。

　販売チャネル診断は、優れた商品を顧客に届けるための最適な販売チャネルのあるべき姿を明らかにします。販売チャネル診断でわかることは大きく2つあります。

図表終-1　販売チャネル診断で明らかにするポイント

> ✓ お客様の販売戦略は適切か？
>
> ✓ チャネル・ストラクチャーに問題はないか？
>
> ✓ 現状のディストリビューターに競争優位はどの程度か？
>
> ✓ お客様には何が足りていて、何が足りていないのか？
>
> ✓ 主要競合と比較した場合、その差はどれ程なのか？

販売チャネル診断で、お客様がさらなる成長をするためには、
具体的に何をどう改善する必要があるのかを明確にする必要があります。

　1つは、現状の販売チャネルのパフォーマンスレベルです。販売チャネルやディストリビューターの競争優位性が可視化されます。主要競合と比べてどうなのか、基準値に対してどうなのか、また、現状の販売チャネルで実現できる売上やシェアの最大値が推計可能となります。どこまでいけるのか、どこまでしかいけないのかなど、現状の販売チャネルのパフォーマンスレベルが可視化されます。

　2つ目は、さらなる成長に必要な販売チャネル・ケイパビリティです。何をどう変えなければならないのか。その方法とはどういったものなのか。それができると、どこまで成長できるのかなど、さらなる成長に必要な販売チャネルのケイパビリティが明確になります。問題がどこにあって、それをどう改善すれば良いのかが明らかになれば、後は実行するのみです。

　20年この仕事をする中で私が感じるのは、日本企業は決して課題解決力は低くありません。むしろ、課題解決力は他国の企業に比べて著しく高いと感じます。では何が問題なのかというと、それは課題認識力です。課題を課題として捉える能力です。苦戦する日本企業の多くは、課題を課題として捉えられない、もしくは何が課題かがわかっていないためにASEAN6で苦戦しているのです。いざ、課題が明確になれば、その課題を解決し問題を突破していく能力は十分に持っているのです。

2　診断と対策の事例

▶大手消費財メーカーの事例

　ここでいくつか私が関わった企業が販売チャネル診断で、どのように課題を抽出し、その課題に対してどのような対策を打ったのかを紹介します。

　まず1社目は、大手消費財メーカーの事例です。このメーカーは、ASEAN某国における伝統小売への配荷が進まないという問題を抱えていました。その企業を診断した結果、次のようなことがわかりました。

　現状の販売チャネルは、そもそもの販売チャネル・ストラクチャーが伝統小売には不向きな状態でした。具体的には、ディストリビューターの質と数の両面で、伝統小売のストア・カバレッジが伸びる構造ではなかったのです。また、伝統小売を攻略するための組織体制や管理育成の内容も不十分で、多くの改善余地が見受けられました。同時に、商品形態や価格帯も伝統小売に適合させる必要がありました。

　これらの診断結果を受けて、次の対策を講じました。まずは、伝統小売向けの新たなチャネル・ストラクチャー、及び伝統小売のストア・カバレッジ獲得戦略を策定しました。同時に、組織体制や管理育成の仕組み、また伝統小売に適合する商品形態や価格帯の改善にも手を入れました。

　その結果、1年以内に伝統小売における配荷を250％以上向上させることができ、以降、毎年160％以上の成長を維持しています。

▶大手食品メーカーの事例

　2社目の事例は、大手食品メーカーです。このメーカーは、中国、及びASEANの売上がともに伸び悩んでいました。診断の結果、中国、ASEANともに現状のディストリビューターが既にスイートスポットに到達しており、さらなる収益拡大のための投資を敬遠している状況であることがわかりました。スイートスポットとは、ディストリビューターにとって最も利益効率の良い売上の状態を指し、それ以上に売上を伸ばそうとすると、新たな投資や

労力が必要となり、一定期間利益効率が下がるため成長に消極的になる傾向が強い状態です。

　診断結果を受けて、次の対策を講じました。さらに売上拡大を行った場合のROI（投資対効果）を厳密に推計し、メーカーとしてできるインセンティブを含めた協力体制を明確にしました。一方で、他のディストリビューターを活用する可能性も示唆しながら、既存のディストリビューターをスイートスポットから引き出す施策を実施しました。

　結果、ディストリビューターは新たな顧客開拓に同意し、1年以内に売上を125％以上成長させ、以降、毎年同様の水準で成長を維持しています。

▶中堅菓子メーカーの事例

　最後の事例は、中堅菓子メーカーです。この中堅メーカーは、今まで海外販売に関しては、国内の専門商社に丸投げで、いざ海外販売を本格化させたくても、具体的な現状把握ができずに困っているといった状態でした。

　診断の結果、国内専門商社を通じて海外に販売されているため、どの商品が、どれだけ、どの国のどの小売で、またいくらで販売されているのかを把握できていない状態でした。その商社も他の商社を経由していたり、海外からの注文に従いただ輸出しているだけなので、輸出後のことはほぼ把握できていない状態でした。実際に可視化すると、日系小売や、一部のローカル系小売でも、輸入品棚という非常に限られた売場でしか売られていませんでした。さらに、販売されている価格にも大いに問題がありました。

　診断結果を受けて次の対策を講じました。まず、国内の専門商社を通じ販売されている平行品を交通整理するとともに、各国の狙うべき小売を設定し、その小売に適した現地ディストリビューターとの直接契約に切り替えました。同時に、ディストリビューターのフォロー体制を整備しました。結果、自分達の商品が、どの国のどのような顧客層に、どの小売を通じて、いくらで販売されているのかが可視化されました。

　また、初年度から即座に売上が伸び、2年目でお客様直の海外販売が、平行品の輸出額を超え、以降、順調に成長を維持しています。

3　「簡単チェック」を行ってみる

　日本の消費財メーカーのASEAN6におけるシェアはまだまだ格段に上げることが可能であるということを、改めて明確にお伝えしたく思います。そしてそのためには、現状の販売チャネルを活かしながらも、販売チャネルの再構築が必要であるということを認識しなければなりません。その再構築のためには、小さく仮説検証を繰り返し、段階的に拡大させて行きながら、各社が独自の販売チャネルを「型」として習得していかなければなりません。

　近代小売に加え、伝統小売について、どのようなチャネル・ストラクチャーを描くのか。今後はオンラインも含め考えなければなりません。その設計図に応じて、ディストリビューターを選定し、契約し、管理育成を強化する必要があるのです。

　伝統小売は決してなくなりません。なくなるどころか、デジタル化によってより便利な存在として生まれ変わります。そうなってから伝統小売の攻略に取り掛かっても遅いのです。そうなる前に伝統小売を攻略できるディストリビューション・ネットワークを確立させなければなりません。確立させることができれば、それは独自の販売チャネルの「型」となります。

　今後、VIPを中心にASEAN6の市場はますます拡大していきます。常に市場環境に注視しながら、日本企業が不得意とする競争環境を意識した戦略構築が求められます。売上を上げることは自社だけの絶対的なものですが、シェアを上げるのは競合との相対的な関係値です。そして、市場は常に相対的な関係値で成り立っていることを忘れてはいけません。シェアを意識しなければ、売上はいずれ上がらなくなります。上がらなくなるどころか、低下していきます。

　以下に、私が代表を務めるアジア新興国市場に特化したマーケティング会社であるスパイダー・イニシアティブ社が公開している、販売チャネルの競争力を簡易的に診断できる無料のプログラム「簡単チェック」をご紹介します。下記6つの内容に関する計18の質問にお答えいただくと、皆さんの販売

チャネルが現状どういったレベルかを把握することが可能になります。

1）自社の理解

2）競合の理解（戦略）

3）競合の理解（チャネル）

4）顧客の理解

5）ディストリビューターの理解

6）ディストリビューターとの関係

是非、下記のQRコードを読み込み、18の質問に答えてみてください。全ての質問において、回答に少しでも迷ったら「No」とお答えください。

「簡単チェック」の結果はいかがでしたでしょうか？

重要なのは、現状を客観的に正しく可視化することです。それができれば、自分達には何が足りていて、何が足りていないのかが明確になります。それが明確になれば、足りないものを補うための対策を考え、実行し、正しい方向に一歩一歩進むことができるのです。

あとがき

　本書を最後までお読みいただき、誠にありがとうございます。本書を執筆する上で、私に多大なる影響を与えてくださっている方々にこの場を借りて感謝申し上げます。

　まずは、長年、私が代表を勤めるスパイダー・イニシアティブ社とお取引をいただいている顧客の皆様に心よりお礼申し上げます。皆様とともにASEAN市場において数々の難題に挑み続けていることは、弊社従業員全ての誇りであり、本書を執筆する上でも大きな力となっています。これからも変わらぬご愛顧を賜りますようなにとぞよろしくお願い申し上げます。

　次に、一橋大学名誉教授、法政大学大学院教授の米倉誠一郎先生に心より感謝申し上げます。先生のご助言には気づかされる学びが多々あります。また、ご一緒させていただいている法政大学大学院や、ソーシャル・イノベーション・スクール（一般社団法人Creative Response）のお仕事からも多くの学びをいただいています。今後ともご指導賜りますよう、なにとぞよろしくお願いいたします。

　そして、法政大学大学院MBA特任講師、ソーシャル・イノベーション・スクールの理事である前澤優太様にもこの場を借りてお礼申し上げます。前澤様のご支援にはいつも本当に助けられています。

　次に、グローバル・マーケティング研究の第一人者である明治大学名誉教授の大石芳裕先生に感謝申し上げます。これからも大石先生の研究から多くを学ばせていただきたく、ご指導のほど、なにとぞよろしくお願い申し上げます。

　そして、日々、社長としての私を支えてくれている弊社役員、社員の皆にこの場を借りて感謝を伝えます。皆の支えなくして私の存在はなく、また本書を執筆する上でも皆の日々の果敢な挑戦が大いに役に立っています。本当にありがとう。これからも弊社のビジョン、ミッション、コアバリューを胸に、ともに歩んで行きましょう。

最後に、いつも私の仕事を静かに見守ってくれている最愛の妻と、４歳になった息子に心より愛を込めて。

スパイダー・イニシアティブ株式会社

代表取締役社長兼CEO

森辺　一樹

事項索引

225

主要小売・ディストリビューター企業索引

［著者紹介］

森辺　一樹（もりべ・かずき）
スパイダー・イニシアティブ株式会社 代表取締役社長兼CEO
法政大学経営大学院イノベーション・マネジメント研究科特任講師

1974年生まれ。幼少期をシンガポールで過ごす。
帰国後、法政大学経営学部を卒業し、大手医療機器メーカーに入社。
2002年、中国・香港にて、新興国に特化した市場調査会社を創業し代表取締役
社長に就任。2013年、市場調査会社を売却し、日本企業の海外販路構築を支援
するスパイダー・イニシアティブ株式会社を設立。
専門はグローバル・マーケティング。海外販路構築を強みとし、中国や
ASEANにおける参入戦略や競争戦略、またチャネル構築の支援を得意とする。
大手を中心に21年で1,000社以上の新興国展開の支援実績を持つ。
著書に『グローバル・マーケティングの基本』（日本実業出版）、『「アジアで儲
かる会社」に変わる30の方法』（KADOKAWA）などがある。

2023年7月30日　初　版　発　行
2024年2月26日　初版2刷発行　　　　　　　　　　　略称：ASEAN6

ASEAN6における販売チャネル戦略
―再現性高い「型」の習得こそがシェア拡大の鍵―

著　者 © 森　辺　一　樹

発行者　　中　島　豊　彦

発行所　**同 文 舘 出 版 株 式 会 社**
東京都千代田区神田神保町1-41〒101-0051
電話 営業(03)3294-1801編集(03)3294-1803
https://www.dobunkan.co.jp

Printed in Japan 2023　　　　　　　　　　　　　製版：一企画
　　　　　　　　　　　　　　　　　　　　　印刷・製本：萩原印刷

ISBN978-4-495-65019-3